ISBN 978-0-243-06010-8
PIBN 10376982

𝕮𝖑𝖆𝖗𝖊𝖓𝖉𝖔𝖓 𝕻𝖗𝖊𝖘𝖘 𝕾𝖊𝖗𝖎𝖊𝖘 *8308*

FRENCH CLASSICS

REGNARD'S

LE JOUEUR

BRUEYS AND PALAPRAT'S

LE GRONDEUR

MASSON

London

MACMILLAN AND CO.

PUBLISHERS TO THE UNIVERSITY OF

Oxford.

Clarendon Press Series

FRENCH CLASSICS

A SELECTION OF PLAYS

BY

REGNARD, BRUEYS AND PALAPRAT

EDITED

WITH ENGLISH NOTES

BY

GUSTAVE MASSON, B.A.

UNIV. GALLIC.

VOLUME VI

Le Joueur, a Comedy by Regnard.
Le Grondeur, a Comedy by Brueys and Palaprat.

Oxford

AT THE CLARENDON PRESS

M.DCCC.LXXV

INTRODUCTION.

It would be impossible to form an adequate idea of the
French stage, if the reader confined himself to the study of
Molière, Racine, and Corneille. Besides these three celebrated writers, who represent what is generally designated as
les classiques du premier ordre, I might name a host of dramatic
authors, slightly inferior to them, but at the same time
occupying a distinguished rank in the annals of literature.
It is not too much to say that Regnard, as a comic poet,
ranks immediately next to Molière, and the following appreciative notice from the pen of Mr. Hallam, will, I hope, justify
me in selecting 'Le Joueur' as part of a fresh volume in this
series of classical *chefs-d'œuvre*.

'Regnard is always placed next to Molière among the
comic writers of France in this, and perhaps in any age.
The plays, indeed, which entitle him to such a rank, are
but few. Of these the best is acknowledged to be "Le
Joueur." Regnard, taught by his own experience, has here
admirably delineated the character of an inveterate gamester:
without parade of morality, few comedies are more usefully
moral. We have not the struggling virtues of a Charles
Surface, which the dramatist may feign that he may reward
at the fifth act; Regnard has better painted the selfish un-
grateful being, who, though not incapable of love, pawns
his mistress's picture, the instant after she has given it
to him, that he may return to the dice-box. Her just
abandonment, and his own disgrace, terminate the comedy
with a moral dignity which the stage does not always main-
tain, and which, in the first acts, the spectator does not

expect. The other characters seem to me various, spirited, and humorous; the valet of Valère the gamester, is one of the best of that numerous class, to whom comedy has owed so much; but the pretended marquis, though diverting, talks too much like a genuine coxcomb of the world. Molière did this better in "Les Précieuses Ridicules." Regnard is in this play full of those gay sallies which cannot be read without laughter; the incidents follow rapidly; there is more movement than in some of the best of Molière's comedies, and the speeches are not so prolix.'

The text here printed has been carefully revised from M. Garnier's edition (Paris, 1810, 6 vols. 8vo), and especially from the excellent one published by M. Delahays in 1854 (2 vols. royal 8vo). The biographical notice of Regnard and the critical sketch which follows it will be found very interesting; they are both the work of M. Garnier, and are given with a few trifling alterations.

In addition to the notes supplied by the commentators just named, I have profitably consulted M. Nisard's 'Histoire de la littérature française' (vol. iv, 8vo. Paris, 1861); M. Sainte-Beuve's 'Causeries du Lundi' (vol. vii, 12mo. Paris, 1853); M. Géruzez 'Histoire de la littérature française' (vol. ii, 8vo. Paris, 1861); M. Geoffroy's 'Cours de littérature dramatique' (vol. ii, 8vo. Paris, 1825); La Harpe's 'Lycée ou cours de littérature ancienne et moderne' (vol. vi, 8vo. Paris, 1829); M. Merlet's 'Extraits des classiques français' (12mo, Paris, 1869); and two remarkable articles by M. Weiss, published in the 'Revue de l'Instruction publique,' for 1859.

GUSTAVE MASSON.

Harrow-on-the-Hill.

AVERTISSEMENT

DE L'ÉDITEUR SUR LE JOUEUR.

Cette comédie a été représentée pour la première fois, le mercredi 19 décembre, 1696. On regarde avec raison cette comédie comme le chef-d'œuvre de Regnard. C'est à cette pièce principalement qu'il doit le titre de meilleur de nos poètes comiques après Molière. Nous n'entrepren- 5 drons pas de faire ici l'éloge d'un ouvrage qui réunit depuis long-temps les suffrages de tous les amateurs du théâtre, et nous croirions aussi mériter de justes reproches, si nous relevions de légers défauts, que les critiques du temps se sont permis de relever dans cette charmante comédie. 10

Il nous parait plus à propos de dire ici quelque chose des démêlés que cette comédie a fait naître entre Regnard et Dufresni, et de la manière dont s'est formée et dont a été rompue la société de ces deux poètes.

Regnard a commencé à travailler pour le Théâtre Italien. 15 C'est aussi sur cette scène que Dufresni a fait l'essai de ses talens[1]. Ces deux poètes étaient à peu près du même age. Cependant Regnard, quoique plus jeune, a debuté le premier dans la carrière dramatique. La première pièce qu'il a donnée au théatre est le *Divorce,* joué par les comédiens 20 Italiens en 1688. Celle par où Dufresni à débuté est *l'Opéra de campagne* représenté par les mêmes comédiens en 1692.

C'est dans cette même année que les deux poètes s'unirent d'amitié, et travaillèrent ensemble. Dufresni fut bien aise, en commençant sa carrière, d'être appuyé par un poète 25

[1] Regnard est né en 1656 et Dufresni en 1648.

couronné déjà par plus d'un succès. Dès la même année les deux poètes firent paraître ensemble la comédie des *Chinois*, donnée au Théatre Italien, et il parait que depuis ce moment jusqu'à la rupture, Dufresni ne donna presque
5 point de pièces où son ami n'eût quelque part. Celui-ci au contraire en fit paraître plusieurs qui n'appartenaient qu'à lui seul, telles que la *Naissance d'Amadis*, donnée en 1696, au Théâtre Italien, la *Sérénade* et le *Bal* données au Théâtre Français en 1694 et 1696. La situation de Regnard était bien
10 différente de celle de Dufresni. L'un jouissait d'une fortune considérable, l'autre au contraire était très-mal à son aise.

Regnard fit tous ses efforts pour changer le sort de son ami. Non content de partager avec lui sa fortune et ses travaux, il lui servait de Mécène et le produisait auprès de
15 tous ceux qui pouvaient lui être utiles. Dufresni rend lui-même hommage à ces procédés de Regnard, et l'on ne peut douter que ce ne soit de lui qu'il veut parler, lorsqu'il représente, dans la préface de la comédie du *Négligent*, un poète recommandé à Oronte.

20 ‘ Monsieur, si j'ai l'honneur de votre connaissance,
     J'en aurai l'obligation
     À la recommandation
     De monsieur votre ami le trésorier de France.'

On sait que Regnard avait acheté en 1690 une charge de
25 trésorier de France au bureau des finances de Paris, dont il est mort revêtu. La rupture entre ces deux poètes a été aussi éclatante que leur amitié avait paru vive. C'est la pièce du Joueur qui l'a occasionnée, et leurs plaintes ont été réciproques.
30 On ne voit qu'avec peine la manière dont se sont traités respectivement deux auteurs qui ne pouvaient ne pas avoir de l'estime l'un pour l'autre.

Regnard, en faisant imprimer sa comédie, l'a fait précéder d'une préface injurieuse, dans laquelle il traite son adversaire
35 avec beaucoup de mépris : il l'appelle *plagiaire*, et l'accuse d'avoir suscité contre lui une cabale composée des frondeurs des plus séditeux des spectacles.

Cette préface a été imprimée en 1697, et d'après les bruits qui se répandaient que Regnard avait volé à Dufresni cette comédie toute entière. Mais le '*Chevalier joueur*' que celui-ci fit paraître dans la même année, tel qu'il l'avait composé, détrompa bientôt le public, et le jugement qu'il porta des 5 deux ouvrages ne fut pas favorable à Dufresni. La querelle de Regnard et de Dufresni ne manqua pas d'occuper la littérature. Chacun avait ses partisans. Il nous est resté ces deux épigrammes du poète Gacon.

PREMIÈRE ÉPIGRAMME. 10

'Sur la pièce du JOUEUR, dont M. Rivière (Dufresni) prétend faussement que M. Regnard lui a volé l'intrigue et la pensée. Ce qu'il y a de vrai, c'est que M. Regnard en a seulement conféré quelquefois avec lui; mais la pauvreté des pièces du Sr de Rivière a fait voir, si j'ose ainsi parler, qu'il n'est pas un auteur volable. 15

Un jour Regnard et de Rivière,
En cherchant un sujet que l'on n'eût poiut traité,
Trouvèrent qu'un Joueur serait un caractère
Qui plairait par sa nouveauté.
Regnard le fit en vers, et de Rivière en prose: 20
Ainsi, pour dire au vrai la chose,
Chacun vola son compagnon.
Mais quiconque aujourd'hui voit l'un et l'autre ouvrage,
Dit que Regnard a l'avantage
D'avoir été le bon larron.' 25

SECONDE ÉPIGRAMME.

'Sur les deux JOUEURS, dont celui de M. Regnard fut bien reçu, et celui de Rivière fut à peine joué jusqu'au second acte.

Deux célèbres Joueürs, l'un riche et l'autre gueux,
Prétendaient en public donner leur caractère, 30
Et prétendaient si fort à plaire,
Qu'ils tenaient en suspens les esprits curieux;
Mais, dès que sur la scène on vit les comédies
De ces deux écrivains rivaux,
Chacun trouva que les copies 35
Ressemblaient aux originaux.'

On ne peut disconvenir que Dufresni ne soit traité un peu trop durement dans ces deux épigrammes, et que l'amitié que Regnard avait pour Gacon, n'ait excité celui-ci à prendre avec trop d'aigreur la querelle de son ami. Les titres même
5 de ses épigrammes contiennent des injures grossières et de mauvaise foi. Le '*Chevalier joueur*' de Dufresni n'a pas été interrompu à la fin du second acte. Les auteurs de l'Histoire du théâtre Français attestent que ce fait est démenti par les registres de la comédie.

10   Quoi qu'il en soit, Regnard a eu honte d'avoir maltraité Dufresni dans sa préface, et il l'a supprimée dans toutes les éditions de ses œuvres qui ont été faites de son vivant.

On ne sais pourquoi, depuis la mort de Regnard, on a renouvelé une accusation dont on avait senti l'injustice pendant
15 sa vie. On a imprimé dans plusieurs ouvrages, que le Joueur de Regnard appartenait presque en entier à Dufresni; que Regnard n'y avait fait que de légers changemens, et qu'après avoir abusé de la manière la plus indigne de la confiance de son ami, il s'était approprié l'ouvrage, et l'avait donné sous
20 son nom.

On lit dans 'les Anecdotes dramatiques,' que ce n'est point à tort que Dufresni revendiquait le fond de cette comédie, qu'il prétendait que Regnard lui avait pris. Ce dernier abusa effectivement de la confiance que Du-
25 fresni lui témoigna, et pour accélérer sa pièce, il se servit de Gacon, à qui il en fit faire la plus grande partie; ce fut à Grillon, où Regnard avait une maison de campagne qu'il aimait beaucoup. Il enfermait Gacon dans une chambre, d'où ce dernier n'avait la liberté de sortir qu'après avoir
30 averti par la fenêtre combien il avait fait de vers sur la prose dont Regnard lui donnait le canevas. C'est de Gacon lui-même que l'on tient cette anecdote.

On est fâché de voir ainsi débiter et imprimer dans tous les recueils, sur les preuves les plus légères, des anecdotes
35 qui attaquent l'honneur et les talens de nos auteurs les plus accrédités.

Si l'anecdote rapportée par les auteurs des Anecdotes dramatiques est vraie, Regnard a joué le rôle, non-seulement d'un malhonnête homme, mais d'un homme sans talens, et, comme s'expriment eux-mêmes les auteurs que l'on vient de citer, d'un poète du plus bas étage.

'Il n'a pas eu honte de donner sous son nom une pièce dont Dufresni avait fait l'intrigue et imaginé les caractères, et dont 5 Gacon avait composé les vers.'

Si Regnard n'était connu que par cette pièce, on pourrait l'accuser de ce procédé ; mais il est incroyable dans un poète connu par des comédies charmantes, et qui, depuis celle dont on parle, en a produit qui ne sont pas indignes de la 10 première.

On concevra encore plus difficilement qu'une manœuvre pareille ait abouti à produire un des chefs-d'œuvre de notre théâtre.

On sait que Dufresni avait plus de talens pour produire 15 des scènes détachées que pour bien conduire une comédie. Toutes ses pièces, dans lesquelles on trouve des caractères assez bien peints, un dialogue vif et aisé, et un comique pris dans la pensée, pèchent du côté de la conduite et de l'intrigue. Comment veut-on qu'une comédie, dont l'intrigue aurait 20 appartenu à un auteur qui n'a su en faire que de faibles, et dont les vers auraient été l'ouvrage d'un des poètes les plus pitoyables de son temps, eût été l'une des plus parfaites et des plus agréables pièces de notre théâtre ?

Et sur quel témoignage adopte-t-on un fait aussi déraison- 25 nable ? sur celui de Gacon lui-même, qui se donne pour avoir mis en vers la prose de Dufresni. Nous croyons pouvoir, sans témérité, révoquer en doute cette anecdote purement injurieuse à un de nos poètes les plus estimables ; et s'il est arrivé quelquefois que des hommes à talens se 30 soient déshonorés par des actions basses, on ne doit admettre qu'avec peine ces faits honteux, qui ternissent la réputation des gens de lettres, et portent atteinte à la gloire de la littérature.

Au surplus, Dufresni lui-même nous a mis à portée de 35 juger de la nature du larcin que lui a fait son associé. *Le Chevalier joueur* n'est autre chose que sa comédie telle qu'il dit l'avoir composée lorsqu'il la confia à Regnard. Supposons que celui-ci y ait pris l'idée de sa comédie, la manière dont il a embelli ce sujet suffit seule pour le lui rendre propre.

On ne parle pas du succès si différent des deux pièces; 5 mais on est persuadé que celle de Dufresni n'aurait été susceptible que d'un très-faible succès, quand même elle eût précédé celle de Regnard.

Nous allons mettre sous les yeux du lecteur les scènes des deux pièces qui ont le plus de ressemblance, celles que 10 Dufresni accuse particulièrement Regnard de lui avoir volées. La scène première du premier acte ressemble beaucoup aux deux premières scènes du *Joueur;* ce sont absolument les mêmes pensées. Voici celles de Dufresni.

'*Nérine.* Bonjour: Frontin, te voilà déjà levé?

15 *Frontin.* Bon soir, Nérine, je vais me coucher.

Nérine. C'est-à-dire que ton maître a couché au lansquenet.

Frontin. Je ne te dis pas cela.

Nérine. Le Chevalier est un jeune homme bien morigéné! Avoue qu'il est incommode de loger en même maison avec des 20 femmes qui ont intérêt d'examiner notre conduite. Ma maîtresse lui avait défendu de jouer. . . . . Il se brouillera avec Angélique.

Frontin, Que m'importe? En tous cas, s'il manque la jeune, la vieille ne le manquera pas. . . . . À la vérité, ton Dorante a plus de biens-fonds; mais les biens-fonds ont des bornes, et le casuel 25 d'un joueur n'en a pas.

Nérine. Dorante est un si honnête homme!

Frontin. Dorante est honnête homme, mais mon maître est joli.

Nérine. Un esprit solide et doux.

30 *Frontin.* Vert et piquant, c'est ce qu'il faut pour réveiller le goût des femmes.

Nérine. Dorante est un homme fait.

Frontin. En cas d'amant, ce qui est à faire vaut mieux que ce qui est fait.

35 *Nérine.* Un bon cœur, généreux et sincère.

Frontin. Oh! mon maître ne se pique point de ces niaiseries-là; mais en récompense c'est le plus ensorcelant petit scélérat, un tour de scélératesse si galant, que les femmes ont du plaisir à se laisser tromper par lui.

Nérine. J'espère qu'Angelique reviendra de ce plaisir-là.

Frontin. Elle n'en reviendra qu'après la noce.

Nérine. Si je puis la rattraper dans quelque moment raison- 5
nable. . . . .

Frontin. Si mon maître peut la rattraper dans quelque moment déraisonnable . . . . . etc.

Voici comment Regnard rend les mêmes idées.

Nérine. Que fait Valère ?   10

Hector. Il dort.

Nérine. Il faut que je le voie.

Hector. Va, mon maître ne voit personne quand il dort. . .

Nérine. Quand se lèvera-t-il ?

Hector.   Mais, avant qu'il se lève,   15
          Il faudra qu'il se couche, et franchement. . . . etc.

Nérine. Angélique, entre nous, serait extravagante
          De rejeter l'amour que pour elle a Dorante ;
          Lui, c'est un homme d'ordre, et qui vit congrûment.

Hector. L'amour se plaît un peu dans le déréglement.

Nérine. Un amant fait et mûr.

Hector.   Les filles, d'ordinaire,
          Aiment mieux le fruit vert.'

L'entrée du JOUEUR sur la scène est aussi à-peu-près la même dans les deux pièces. Dufresni ne fait paraître son 2
Joueur qu'au second acte, et le fait parler ainsi :

'*Le chevalier (donnant son manteau à Frontin).* Pourquoi m'ôtes-tu mon manteau, bourreau que tu es ?

Frontin. C'est vous qui me le donnez.

Le Chevalier. Ne vois-tu pas que je veux ressortir ?

Frontin. Le sommeil vous serait plus utile que . . . .

Le Chevalier. Remets-moi mon manteau, raisonneur . . . .
          Irai-je encore . . . .

(*Le Chevalier se promène à grands pas, et Frontin le suit, voulant mettre son manteau sur ses epaules, etc.*)

Que l'on consulte maintenant la scène quatrième du premier acte du JOUEUR, on retrouvera les mêmes idées, mais quelle différence dans l'expression du caractère! *Le Chevalier* est un bourru de sang-froid; l'autre est véritablement un 5 *joueur* emporté, à qui des revers de fortune ont troublé la raison.

Cette scène présente encore des traits de ressemblance très-frappants, et qui, s'ils étaient rapprochés, ne seraient pas à l'avantage de Dufresni.

10 Une idée charmante qui appartient incontestablement à celui-ci, et qui ne se trouve point dans la pièce de Regnard, est le trait qui suit:

'*Le Chevalier.* Un fauteuil . . (*Il s'assied*) Je suis abîmé; j'en ai l'obligation à un homme, un homme, Frontin, un seul 15 homme qui me suit par-tout.

Frontin. Est-ce un de ces joueurs prudens qui ne donnent rien au hasard?

Le Chevalier. Non, je n'ai jamais joué contre lui.

Frontin. Et comment vous a-t-il donc abîmé?

20 *Le Chevalier.* Il a la rage de me porter malheur en s'appuyant sur le dos de ma chaise. C'est un écumeur de réjouissance qui a la face longue d'une toise; dès que je le vois, ma carte est prise.'

Ce trait de caractère n'aurait pas échappé à Regnard, et s'il eût effectivement mis à contribution les idées de Dufresni, 25 il n'aurait par négligé celle-ci.

La scène du traité de Sénèque se trouve dans les deux poètes. Nous rapportous la manière dont elle est rendue pas Dufresni; c'est à la fin de la troisième scène du deuxième acte.

30 '*Le Chevalier.* Je voudrais ne me point abandonner à mes réflexions; va me chercher un livre.

Frontin (tire un papier). Si vous voulez lire un petit ouvrage d'esprit . . . . (*Le Chevalier prend le papier*) qui court les rues; c'est sur la pauvreté. Je suis curieux de voir tout ce qui s'écrit sur la 5 pauvreté, car il me revient sans cesse dans l'idée que nous mourrons tous deux sur un fumier.

Le Chevalier (regardant fixement le papier sans le lire). Trois coupe-gorge de suite !

Frontin. Il n'y a point de coupe-gorge là-dedans.

Le Chevalier. Je ne saurais m'appliquer ; lis.

Frontin (reprend le papier, et lit). 5
  "Diogène, parlant du mépris des richesses, disait :
  De mille soins facheux la richesse est suivie ;
  Mais le philosophe indigent
  N'a qu'un seul soin dans la vie :
  C'est de chercher de l'argent. 10

Sur le mépris de la mort :
  Tel héros que l'on vante tant,
  Mourut sans en avoir envie ;
  Mais un brave joueur perd volontiers la vie,
  Quand il a perdu son argent." 15

Mais, Monsieur, au lieu de m'écouter, vous méditez sur le portrait de votre maîtresse.'

Si ceci n'est point une fade copie de la scène de Regnard, il faut convenir que la scène de Regnard enchérit beaucoup sur son modèle, ou plutôt qu'il a su convertir en une scène 20 charmante et d'un excellent comique, une tirade froide et insipide :

‘ Dans ses heureuses mains le cuivre devient or.'

On ne peut disconvenir qu'on a peine à soutenir la lecture de cette scène, lorsqu'on vient de lire celle de Regnard. 25
On retrouve encore dans les deux poètes la scène du mémoire des dettes du Joueur, avec cette différence, que dans Regnard le valet présente au père de son maître un état véritable de ses dettes, au lieu que dans Dufresni, Frontin, pour tirer de l'argent de la Comtesse, a fabriqué 30 un mémoire de dettes supposées. Voici la scène de Dufresni ; c'est la cinquième du second acte.

Frontin persuade à la Comtesse que le Chevalier quitte Angelique pour s'attacher à elle.

‘ Entre nous,' Madame, toute la solidité de ce jeune homme-là 35
est pour vous ; il le dit bien lui-même dans ses momens de prudence :

Je devrais, dit-il, me laisser entraîner au penchant vertueux que je me sens pour madame la Comtesse.

La Comtesse. Quoi, il t'a parlé en ces termes?

Frontin. Tout au moins, Madame, tout au moins. Oui, je crois
5 qu'il reviendrait de son premier entêtement, s'il avait le temps de se reconnaître : or, afin qu'il ait le temps de se reconnaître, mon avis serait que vous lui fissiez tenir adroitement l'argent nécessaire pour se reconnaître.

La Comtesse. Je t'ai déjà dit que je paierais moi-même.

10 *Frontin.* Vous-même! si ces dettes-là sont des dettes de garçon, une femme régulière ne doit point entrer dans un détail si déréglé.

La Comtesse. Voyons le mémoire.

Frontin. Lisons : "Mémoire déréglé des dettes envenimées de
15 M. le Chevalier. Premièrement, à M. Frontin." Moi, c'est moi. . . .
"Pour gages, profits et deniers prêtés à mon maître, dans ses mauvais jours, 500 liv."

Pour cet article-ci, vous auriez raison de le payer par vos mains, de vous à moi, sans détour ; aussi ma quittance est toute prête.

20 *La Comtesse.* Nous verrons.

Frontin. "Plus, quatre-vingts louis d'or neufs pour une partie de paume ébauchée."

"Plus, 2000 livres à quatre-vingt-treize quidams, pour nous avoir coiffés, chaussés, gantés, parfumés, rasés, médicamentés, voiturés,
25 portés, alimentés, désaltérés, etc." Un dame prudente ne doit point paraître dans des paiemens qui concernent l'entretien d'un joli homme. "Plus, 600 livres pour du ratafia, eau-de-vie, et autres liqueurs soldatesques" que vous n'oseriez payer, de peur d'être soupçonnée d'avoir aidé à la consommation d'icelles.

30 *La Comtesse.* Frontin, votre mémoire ridicule se monte à cinq ou six mille livres : vous ne m'aviez parlé que de deux mille.

Frontin. Ne vous le disais-je pas? Donnez-moi deux mille livres, vous y gagnerez les deux tiers.'

Nous bornerons là notre examen. Les scènes que nous
35 venons de citer sont celles des deux pièces qui ont le plus de ressemblance ; elles paraissent en quelque sorte calquées les unes sur les autres. Quel est celui qui les a produites

le premier? c'est ce qu'on ne saurait décider. Les préjugés cependant sont favorables à Regnard; sa comédie a paru la première, et la manière originale dont il a rendu ses scènes semblerait prouver qu'elles lui sont propres.

D'ailleurs, comme on l'a dit plus haut, en accordant à 5 Dufresni le mérite de l'invention, il faut avouer que Regnard a tellement embelli ses pensées, qu'il leur a, en quelque sorte, donné une nouvelle existence; et Dufresni, en faisant paraître son *Chevalier joueur* après la comédie de Regnard, a été la dupe de son amour-propre.   10

Il a mis le public à portée de faire un parallèle qui ne lui était nullement avantageux; et sa chûte, comme s'expriment des auteurs du temps, n'a servi qu'à augmenter le triomphe de son adversaire.

Quelques années après (en 1709), Dufresni a donné une 15 comédie intitulée: *La Joueuse,* dans laquelle il emploie la plupart des scènes de son *Chevalier joueur*; mais cette pièce n'eut point de succès.

Tant de désagrémens ne le rebutèrent pas. Il mit en vers cette dernière comédie, et se proposait de la faire représenter 20 de nouveau; mais il a été surpris par la mort avant l'exécution de son projet, et cette pièce en vers est une de celles qu'il fit brûler sous ses yeux quelques heures avant sa mort.

'Le Joueur de Regnard' est resté sur notre scène dont il fait un des plus beaux ornemens. Cette comédie est une de 25 celles que l'on donne le plus fréquemment, et que le public ne se lasse point de voir.

NOMS DES ACTEURS

qui ont joué dans la comédie du Joueur, dans sa
nouveauté, en 1696.   30

Géronte, *le sieur Guérin* (1). Valère, *le sieur Beaubourg* (2). Angélique, *mademoiselle Dancourt* (3). La Comtesse, *mademoiselle Desbrosses* (4). Dorante, *le sieur le Comte.* Le Marquis, *le sieur Poisson* (5). Nérine, *mademoiselle Beauval* (6). Madame la Ressource, *mademoiselle Chanvallon* (7). Hector, 35 *le sieur la Thorillière* (8). M. Toutabas, *le sieur Desmares* (9).

(1) Isaac-François *Guérin* d'Étriché a debuté au théâtre du Marais en 1673. Il est de ceux qui ont été conservés à la réunion des troupes en 1680. Il représentait dans la tragédie les rôles de confidents, et dans la comédie les rôles à manteau. Il s'est retiré du théâtre en 1718. C'est lui qui avait épousé la veuve de Molière.

(2) Pierre Trochon, dit Beaubourg, a succedé à Baron, quand celui-ci se retira en 1691. Le personnage du Joueur était le rôle brillant de Beaubourg. Cet acteur a quitté le théâtre en 1718, et est mort en 1725.

(3) Cette actrice se nommait Thérèse le Noir de la Thorillière, et avait épousé Dancourt, auteur et acteur. Elle était sœur du fameux la Thorillière qui a joué d'original le rôle d'Hector. Mademoiselle Dancourt a quitté le théâtre en 1720, et est morte cinq ans après.

(4) Jeanne de la Rue, femme de Jean le Blond des Brosses, était, dit-on, une actrice inimitable dans les rôles de folle, de vieille coquette, etc. Elle a quitté le théâtre en 1718, et est morte en 1722.

(5) L'acteur dont il s'agit ici est Paul Poisson, fils de Raymond. Il a succédé à son père, et jouait les mêmes rôles. Paul Poisson s'est retiré du théâtre en 1711, y a remonté en 1715, et l'a quitté pour la dernière fois en 1724. Il est mort le 29 Décembre 1735.

(6) Jeanne Olivier Bourguignon, femme de Jean Pitel, dit Beauval. Cette actrice a été du nombre des comédiens conservés lors de la réunion des troupes en 1680. Elle réunissait deux talens très-rares; elle représentait avec un succès égal les reines dans les tragédies, et les soubrettes dans les comédies. Mademoiselle Beauval s'est retirée du théâtre en 1704, et est morte le 20 mars 1720, âgée de 73 ans.

(7) Judith Chabot de la Binville, femme de Jean-Baptiste de Last, dit Chanvallon, a débuté en 1695, dans la tragédie, ensuite elle a doublé mademoiselle Desbrosses, et l'a rem-placée après sa retraite. Mademoiselle de Chanvallon s'est elle-même retirée en 1722, et est morte en 1742.

(8) Ce charmant acteur, dont la mémoire sera toujours chère aux amateurs du théâtre, se nommait Pierre le Noir,

dit la Thorillière. Tout le monde sait qu'il a excellé dans les rôles de valet : celui d'Hector était un de ceux qui lui plaisaient le plus, et où son talent brillait avec le plus d'avantage. Cet inimitable comédien est mort en 1731.

(9) Nicolas Desmares, reçu dans la troupe du roi en 1685, 5 excellait, dit-on, dans les rôles de paysan. Il s'est retiré du théâtre en 1712, et est mort en 1714.

PRÉFACE DE L'AUTEUR.

Imprimée en tête de la première édition de la comédie du Joueur en 1697 [1].

Cette comédie eut beaucoup plus de succès que l'auteur
5 et les acteurs n'avaient osé l'espérer. Il y avait contre elle
une cabale très-forte, et d'autant plus à craindre qu'elle était
composée des plus séditieux frondeurs des spectacles, et
suscitée par les injustes plaintes d'un plagiaire qui produisait
une autre pièce en prose sous le même titre, et qui la lisait
10 tous les jours dans les cafés de Paris. Les personnes qui
s'intéressent à la réussite de cette seconde comédie du *Joueur*,
ont publié d'abord que la première était très-mauvaise. La
cour et la ville en ont jugé plus favorablement, et il serait à
souhaiter pour eux que l'ouvrage qu'ils protègent eût une
15 destinée aussi heureuse.

[1] Cette préface a été supprimée dans les éditions données depuis des œuvres de Regnard.

NOTICE SUR LA VIE
DE REGNARD.

Jean-François Regnard naquit à Paris, l'an 1656. Fils unique et héritier d'un bien considérable, il reçut une éducation proportionnée à sa fortune. Il était grand, bien 5 fait et de fort bonne mine. Son père étant mort comme il finissait ses exercices à l'académie, il se trouva en jouissance d'un revenu qui le mit en état de figurer dans le grand monde : cependant le goût de voyager prit le dessus sur les plaisirs que son opulence pouvait lui procurer dans sa 10 patrie.

De tous les pays qui excitaient la curiosité de Regnard, celui de l'Italie lui parut mériter la préférence. Ce voyage fut des plus heureux ; car s'étant trouvé dans le cas de jouer, et de jouer très-gros jeu, la fortune lui fut si favorable, 15 qu'il rapporta à Paris, tous les frais de son voyage compris, plus de dix mille écus.

Cette somme, jointe à la succession de son père, qui montait à quarante mille écus, aurait dû fixer Regnard à Paris ; mais le ressouvenir flatteur des plaisirs qu'il avait 20 goûtés en Italie, le rappela une seconde fois en ce pays ; il y gagna beaucoup d'argent au jeu, fut pris par des corsaires Algériens en revenant en France, conduit à Constantinople et vendu comme esclave, s'acquit les bonnes grâces de son maître en présidant à sa cuisine, et revint 25 en France après deux ans de captivité et en payant une rançon de 12,000 fr.

Il partit de nouveau de Paris le 26 avril 1681, et s'en

alla en Flandre et en Hollande, puis en Danemarck et en
Suède. Étant à la cour de Suède, le roi l'engagea à voir
la Laponie, et lui offrit toutes les commodités nécessaires
pour y aller. Regnard, à la sollicitation de ce prince, entreprit
5 ce voyage, et partit pour cette grande entreprise.

Il s'embarqua à Stockholm, pour passer à Torno, le
mercredi 23 juillet de la même. année, avec deux gentils
hommes français, MM. DE FERCOURT ET DE CORBERON.
Il parcourut toute la Laponie. Il arriva à Torno, qui est
10 la dernière ville du monde du côté du nord, située à
l'extrémité du golfe de Bothnie. Il remonta le fleuve qui
porte le même nom que cette ville, et dont la source n'est
pas éloignée du cap du Nord. Il pénétra jusqu'à la mer
glaciale, et l'on peut dire qu'il ne s'arrêta qu'où la terre
15 lui manqua. Enfin il arriva le 22 août suivant, à la montagne
de METAWARA, où il fut obligé de terminer sa course. Et
ce fut au haut de cette montagne qu'il grava sur un rocher,
en quatre vers latins, pour lui et ses camarades, cette in-
scription :

20 ' Gallia nos genuit, vidit nos Africa, Gangem
Hausimus, Europamque oculis lustravimus omnem ;
Casibus et variis acti terrâque marique,
Hic tandem stetimus, nobis ubi defuit orbis.'

De Fercourt, de Corberon, Regnard, Anno 1681, die
25   22 Augusti.

Voici la traduction qu'en donne le voyageur la Motraye
(tom. 2, p. 360, édition in folio. La Haye 1727). Il la
vit en 1718, plus de trente-six ans après le passage des trois
voyageurs Français. 'La France nous a donné la naissance.
30 Nous avons vu l'Afrique et le Gange, parcouru toute l'Europe.
Nous avons en différentes aventures tant par mer que par
terre ; et nous nous sommes arrêtés en cet endroit, où le
monde nous a manqué.'

Après cette expédition, Regnard revint à Stockholm, et
35 rendit compte au roi de tout ce qu'il avoit vu de remarquable
en Laponie, des mœurs, de la religion, et des usages singuliers

de ses habitans. Il ne demeura que fort peu de temps à Stockholm; il en partit le 3 octobre 1681. Il traversa la mer Baltique, et vint débarquer à Dantzick, d'où il passa en Pologne, de là en Hongrie, et ensuite en Allemagne; et enfin, après deux ans d'absence, il revint en France le 4 5 décembre 1683, entièrement guéri de sa passion pour le jeu et pour les voyages.

Pour lors il fixa son séjour à Paris, où la fortune lui permit de passer sa vie avec beaucoup d'agémens. Il acheta une charge de trésorier de France au bureau des finances 10 de Paris, qu'il a exercée pendant vingt ans; et il ne songea plus qu'aux plaisirs de la bonne chère, et à bien recevoir chez lui ce qu'il y avait en France de plus grand, de plus distingué et de plus aimable.

La description qu'il fait, dans son Epître à M***, de la 15 maison qu'il avait à Paris, au bout de la rue de Richelieu, au bas de Montmartre, et les noms illustres des personnes qui lui ont fait l'honneur de l'y venir voir, ne laissent aucun lieu de douter de cette vérité.

'Au bout de cette rue, où ce grand cardinal   20
Ce prêtre conquérant, ce prélat amiral,' etc.

Regnard acheta aussi les charges de lieutenants des eaux-et-forêts et des chasses de la forêt de Dourdan. Il acquit, peu de temps après, la terre de *Grillon*, située près de Dourdan à onze lieues de Paris, où il passait le temps de 25 la belle saison, et où il chassait le cerf et le chevreuil. Quelques années avant sa mort, il se fit recevoir grand-bailli de la province de Hurepoix au comté de Dourdan; et il est mort revêtu de cette charge. Il n'épargna rien pour embellir son château et sa terre de *Grillon*, et il profita, 30 avec un art infini, de tous les avantages dont la nature avait pourvu si libéralement ce beau lieu; dë sorte qu'il en fit un séjour enchanté. Pour donner une idée de la vie agréable que Regnard passait à Grillon avec ses amis, il suffit de lire le *mariage de la Folie*, divertissement pour la *Comédie des* 35 *Folies amoureuses*, que l'auteur semble avoir composé à cette intention, en s'y désignant sous le nom de Clitandre.

C'est dans cette agréable retraite, que Regnard écrivit la relation de ses voyages, et qu'il composa la plupart de ses comédies. Il y mourut le jeudi 5 septembre 1710, âgé de 54 ans, sans avoir été marié, fort regretté de tous ses
5 amis, des gens de lettres, et particulièrement des amateurs de la scène Française.

Regnard mourut sans avoir été malade, et par sa seule imprudence. Il n'avait point de foi aux médecins : il était fort replet et grand mangeur. Un jour qu'il se sentit in-
10 commodé de quelque reste d'indigestion, il lui prit envie de se purger de sa propre ordonnance, mais d'une façon fort extravagante. Il était à Grillon, où il avait passé toute la belle saison à faire une chère très-délicate : il demanda à un de ses paysans quelles étaient les drogues dont il
15 composait les médecines qu'il donnait à ses chevaux ; le paysan les lui nomma : Regnard sur le champ les envoya acheter à Dourdan, s'en fit une médecine, et l'avala le lendemain : mais deux heures après qu'il l'eut prise, il sentit dans l'estomac des douleurs si aiguës, qu'il ne put demeurer
20 au lit. Il fut obligé de se lever et de se promener à grands pas dans sa chambre, pour tâcher de faire descendre sa médecine qui l'étouffait. Ses valets montèrent à ce bruit, jugeant qu'il se trouvait mal ; mais à peine furent-ils entrés, que son oppression redoubla. Il tomba dans leurs bras, sans
25 connaissance et sans voix, et il fut suffoqué sans pouvoir recevoir le moindre secours.

Tout le monde ne convient pas de toutes les circonstances de sa mort. Il est bien vrai qu'il mourut d'une médecine prise mal-à-propos, et à la suite d'une indigestion ; mais, dit-on,
30 d'une médecine ordinaire, dont il ne serait point mort, s'il n'avait point eu l'imprudence d'aller à la chasse le même jour qu'il l'avait prise, de s'y échauffer extrêmement, et de boire un grand verre d'eau à la glace à son retour ; ce qui causa une révolution si subite et si violente dans son corps,
35 qu'il en mourut le lendemain sans qu'on pût le secourir. La petite terre de Grillon fut vendue par ses héritiers après sa mort. Elle a appartenu depuis à M. de Magny, fils du célèbre M. Foucault, intendant de Caen, et grand antiquaire.

La maison n'est pas grande ; mais elle est dans un joli vallon, et très-agréablement située : elle est précisément au bord d'un ruisseau, et toute entourée de bois par derrière. C'est la demeure du monde la plus propre pour un poète.

'Les comédies qu'il a données au théâtre Français sont : 5 *la Sérénade, le Joueur, le Bal, le Distrait, Démocrite, les Folies amoureuses, les Ménechmes, le Retour imprévu, le Légataire* et *la Critique du Légataire*, et *Attendez-moi sous l'Orme*, que quelques-uns ont attribuée à Dufresni. Celles qui furent jouées au théâtre Italien sont : *le Divorce, la Descente de Mézétin aux* 10 *Enfers, Arlequin Homme à bonnes fortunes, la Critique* de cette pièce, *les Filles Errantes, la Coquette, la Naissance d'Amadis.* Il a composé avec Dufresni, *les Chinois, la Baguette de Vulcain, la Foire Saint-Germain,* et *les Momies d'Egypte.* Il a de plus donné à l'opéra *le Carnaval de Venise.* On connait encore 15 de lui trois pièces qui n'ont pas été représentées ; savoir, *les Vendanges, les Souhaits,* et la Tragédie de *Sapor.*

On voit par ce dernier titre, disent les auteurs des Anecdotes Dramatiques, que Regnard entreprit de chausser le cothurne, et de joindre aux jeux de l'Italie, les fureurs de 20 Melpomène ; mais il sentit que la route de Corneille lui était moins familière que celle de Molière ; on en juge de même par la lecture de la tragédie de *Sapor,* qui ne mérite pas même qu'on en relève les défauts. Heureusement pour l'auteur, la pièce n'a jamais paru au théâtre. Celui de 25 l'opéra était plus analogue à son génie ; il y fit jouer *le Carnaval de Venise.* Tous les spectacles que cette ville offre aux étrangers pendant ce temps de divertissemens sont ici réunis. Comédie, opéra, concerts, jeux, danses, combats, mascarades ; tout cela se trouve lié à une petite intrigue 30 amoureuse, amusante et bien écrite. Regnard peut également compter sur le suffrage de ses lecteurs pour son genre de comique, qui le rend, en quelque sorte, l'émule du prince de notre comédie. Molière et Regnard sont dans ce genre, ce que sont Corneille et Racine pour le tragique Français ; 35 personne n'a porté plus loin que notre poète le genre de l'imitation.

Fier de son talent, il eut la noble émulation et l'heureuse

hardiesse de prendre pour modèle un homme inimitable, de courir avec lui la même carrière, et de prétendre partager ses lauriers comme il partageait ses travaux. Quelle que soit la distance qui se trouve entre ces deux poètes, la
5 postérité placera toujours Regnard après Molière, et lui conservera la gloire d'avoir parfaitement imité un homme qui aurait pu servir de modèle à toute l'antiquité.

'Qui ne se plaît pas avec Regnard,' dit Voltaire, 'n'est point digne d'admirer Molière.' Au reste je ne prétends point
10 le restreindre au talent médiocre d'une imitation servile; quelqu'admirable qu'il soit quand il marche sur les pas du premier maître de l'art, il ne l'est pas moins quand il suit les sentiers qu'il ose lui-même se tracer. Combien d'idées, de traits, d'incidens nouveaux embellissent ses
15 poèmes! Il conduit bien une intrigue, expose clairement le sujet; le nœud se forme sans contrainte; l'action prend une marche régulière; chaque incident lui donne un nouveau degré de chaleur; l'intérêt croît jusqu'à un dénouement heureux, tiré du fond même de la pièce. Ce n'est point
20 d'après des idées qui ne sont que dans son imagination, qu'il forme ses caractères et trace ses portraits; il les cherche parmi les vices, les défauts et les ridicules les plus accrédités; il avait sous les yeux les originaux qu'il copiait; c'étaient leurs mœurs, leur ton, leur langage qu'il peignait d'après
25 nature. Son esprit gai ne prenait des hommes que ce qu'ils avaient de plus propre à fournir d'heureuses plaisanteries. Sa comédie du Joueur peut être comparée aux meilleures pièces de Molière, qui n'aurait pas même désavoué *le Distrait, Démocrite, les Ménechmes, le Légataire universel*, et plusieurs
30 scènes des petites pièces. On pourrait, peut-être, lui reprocher d'avoir trop grossi les traits; de mettre souvent en récit ce qui vient de se passer sur la scène; d'avoir peu soigné sa versification, qui, à force de vouloir être aisée et naturelle, devient quelque fois négligée, traînante et prosaïque.

LE JOUEUR

COMÉDIE

EN VERS ET EN CINQ ACTES

Representée pour la première fois le Mercredi, 19 Décembre 1696.

LE JOUEUR.

ACTEURS.

Géronte, père de Valère.
Valère, amant d'Angélique.
Angélique, amante de Valère.
La Comtesse, sœur d'Angélique.
Dorante, oncle de Valère, et amant d'Angélique.
Le Marquis.
Nérine, suivante d'Angélique.
Mme. la Ressource, revendeuse à la toilette.
Hector, valet de Valère.
M. Toutabas, maître de trictrac.
M. Galonier, tailleur.
Mme. Adam, sellière.
Un laquais d'Angélique.
Trois laquais du Marquis.

La scène est à Paris, dans un hôtel garni.

ACTE I.

SCÈNE PREMIÈRE.

HECTOR

(dans un fauteuil, près d'une toilette).
Il est, parbleu, grand jour. Déjà de leur ramage
Les coqs ont éveillé tout notre voisinage.
Que servir un joueur est un maudit métier !
Ne serai-je jamais laquais d'un sous-fermier ?
Je ronflerais mon soûl la grasse matinée,
Et je m'enivrerais le long de la journée :

5

Je ferais mon chemin ; j'aurais un bon emploi ;
Je serais dans la suite un conseiller du roi,
Rat-de-cave ou commis ; et que sait-on ? peut-être
Je deviendrais un jour aussi gras que mon maître.   10
J'aurais un bon carrosse à ressorts bien liants :
De ma rotondité j'emplirais le dedans ;
Il n'est que ce métier pour brusquer la fortune ;
Et tel change de meuble et d'habit chaque lune,
Qui, Jasmin autrefois, d'un drap du Sceau couvert,   15
Bornait sa garde-robe à son justaucorps vert.
Quelqu'un vient.

SCÈNE II.

NÉRINE, HECTOR.

Hector.

Si matin, Nérine, qui t'envoie ?

Nérine.

Que fait Valère ?

Hector.

Il dort.

Nérine.

Il faut que je le voie.

Hector.

Va, mon maître ne voit personne quand il dort.

Nérine.

Je veux lui parler.

Hector.

Paix ! ne parle pas si fort.   20

Nérine.

Oh ! j'entrerai, te dis-je.

Hector.

Ici je suis de garde,
Et je ne puis t'ouvrir que la porte bâtarde.

Nérine.

Tes sots raisonnements sont pour moi superflus.

Hector.

Voudrais-tu voir mon maître *in naturalibus?*

Nérine.

Quand se lèvera-t-il?

Hector.

Mais, avant qu'il se lève,   25
Il faudra qu'il se couche: et franchement...

Nérine.

Achève.

Hector.

Je ne dis mot.

Nérine.

Oh! parle, ou de force ou de gré.

Hector.

Mon maître, en ce moment, n'est pas encor rentré.

Nérine.

Il n'est pas rentré?

Hector.

Non. Il ne tardera guère:
Nous n'ouvrons pas matin. Il a plus d'une affaire,   30
Ce garçon-là.

Nérine.

J'entends. Autour d'un tapis vert,
Dans un maudit brelan, ton maître joue et perd,
Ou bien, réduit à sec, d'une âme familière,
Peut-être il parle au ciel d'une étrange manière.
Par ordre très-exprès d'Angélique, aujourd'hui   35
Je viens pour rompre ici tout commerce avec lui.
Des serments les plus forts appuyant sa tendresse,
Tu sais qu'il a cent fois promis à ma maîtresse
De ne toucher jamais cornet, carte, ni dé,
Par quelque espoir de gain dont son cœur fût guidé;   40
Cependant...

Hector.

Je vois bien qu'un rival domestique
Consigne entre tes mains pour avoir Angélique.

Nérine.

Et quand cela serait, n'aurais-je pas raison ?
Mon cœur ne peut souffrir de lâche trahison.
Angélique, entre nous, serait extravagante   45
De rejeter l'amour qu'a pour elle Dorante :
Lui, c'est un homme d'ordre, et qui vit congrûment.

Hector.

L'amour se plaît un peu dans le déréglement.

Nérine.

. Un amant fait et mûr.

Hector.

              Les filles, d'ordinaire,
Aiment mieux le fruit vert.

Nérine.

                    D'un fort bon caractère ;   50
Qui ne sut de ses jours ce que c'est que le jeu.

Hector.

Mais mon maître est aimé.

Nérine.

                    Dont j'enrage.   Morbleu !
Ne verrai-je jamais les femmes détrompées
De ces colifichets, de ces fades poupées,
Qui n'ont, pour imposer, qu'un grand air débraillé,   55
Un nez de tous côtés de tabac barbouillé,
Une lèvre qu'on mord pour rendre plus vermeille,
Un chapeau chiffonné qui tombe sur l'oreille,
Une longue steinkerque à replis tortueux,
Un haut-de-chausse bas, prêt à tomber sous eux ;   60
Qui, faisant le gros dos, la main dans la ceinture,
Viennent, pour tout mérite, étaler leur figure ?,

Hector.

C'est le goût d'à présent ; tes cris sont superflus,
Mon enfant.

Nérine.

              Je veux, moi, réformer cet abus.
Je ne souffrirai pas qu'on trompe ma maîtresse,   65
Et qu'on profite ainsi d'une tendre faiblesse ;

Qu'elle épouse un joueur, un petit brelandier,
Un franc dissipateur, et dont tout le métier
Est d'aller de cent lieux faire la découverte
Où de jeux et d'amour on tient boutique ouverte, 70
Et qui le conduiront tout droit à l'hôpital./

Hector.

Ton sermon me paraît un tant soit peu brutal.
Mais, tant que tu voudras, parle, prêche, tempête,
Ta maîtresse est coiffée.

Nérine.

      Et crois-tu, dans ta tête,
Que l'amour sur son cœur ait un si grand pouvoir ? 75
Elle est fille d'esprit ; peut-être dès ce soir
Dorante, par mes soins, l'épousera.

Hector.

           Tarare !
Elle est dans nos filets.

Nérine.

      Et moi je te déclare
Que je l'en tirerai dès aujourd'hui.

Hector.

          Bon ! bon !

Nérine.

Que Dorante a pour lui Nérine et la raison. 80

Hector.

Et nous avons l'amour. Tu sais que d'ordinaire,
Quand l'amour veut parler, la raison doit se taire ;
Dans les femmes, s'entend.

Nérine.

      Tu verras que chez nous,
Quand la raison agit, l'amour a le dessous.
Ton maître est un amant d'une espèce plaisante ! 85
Son amour peut passer pour fièvre intermittente,
Son feu pour Angélique est un flux et reflux.

Hector.

Elle est, après le jeu, ce qu'il aime le plus.

Nérine.

Oui, c'est la passion qui seule le dévore ;
Dès qu'il a de l'argent son amour s'évapore.   90

Hector.

Mais en revanche aussi, quand il n'a pas un sou,
Tu m'avoûras qu'il est amoureux comme un fou.

Nérine.

Oh ! j'empêcherai bien . . .

Hector.

        Nous ne te craignons guère ;
Et ta maîtresse, encor hier, promit à Valère
De lui donner dans peu, pour prix de son amour,   95
Son portrait enrichi de brillants tout autour.
Nous l'attendons, ma chère, avec impatience :
Nous aimons les bijoux avec concupiscence.

Nérine.

Ce portrait est tout prêt ; mais ce n'est pas pour lui,
Et Dorante en sera possesseur aujourd'hui.   100

Hector.

À d'autres !

Nérine.

     N'est-ce pas une honte à Valère,
Étant fils de famille, ayant encor son père,
Qu'il vive comme il fait, et que, comme un banni,
Depuis un an il loge en un hôtel garni ?

Hector.

Eh ! vous y logez bien, et vous et votre clique !   105

Nérine.

Est-ce de même, dis ? Ma maîtresse Angélique,
Et la veuve sa sœur ne sont dans ce pays
Que pour un temps, et n'ont point de père à Paris.

Hector.

Valère a déserté la maison paternelle,
Mais ce n'est point à lui qu'il faut faire querelle :   110
Et si monsieur son père avait voulu sortir,

Nous y serions encore, à ne t'en point mentir.
Ces pères, bien souvent, sont obstinés en diable.

Nérine.

Il a tort, en effet, d'être si peu traitable.
Quoi qu'il en soit, enfin, je ne t'abuse pas,   115
Je fais la guerre ouverte; et je vais, de ce pas,
Dire ce que je vois, avertir ma maîtresse
Que Valère toujours est faux dans sa promesse:
Qu'Il ne sera jamais digne de ses amours;
Qu'il a joué, qu'il joue, et qu'il jouera toujours.   120
Adieu.

Hector.

    Bonjour.

SCÈNE III.

HECTOR

(*seul*).   Autant que je m'y puis connaître,
Cette Nérine-ci n'est pas trop pour mon maître.
A-t-elle grand tort? Non. C'est un panier percé,
Qui . . .

SCÈNE IV.

VALÈRE, HECTOR.

(*Valère paraît en désordre, comme un homme qui a joué
toute la nuit.*)

Hector.

    Mais je l'aperçois. Qu'il a l'air harassé!
On soupçonne aisément, à sa triste figure,   125
Qu'il cherche en vain quelqu'un qui prête à triple usure.

Valère.

Quelle heure est-il?

Hector.

    Il est. . . Je ne m'en souviens pas.

Valère.

Tu ne t'en souviens pas?

Hector.

Non, monsieur.

Valère.

Je suis las'
De tes mauvais discours; et tes impertinences. . .

Hector
(*à part*).
Ma foi, la vérité répond aux apparences.   130

Valère.
Ma robe de chambre. (*À part.*) Euh!

Hector
(*à part*).   Il jure entre ses dents.

Valère.
Eh bien! me faudra-t-il attendre encor longtemps?
(*Il se promène.*)

Hector.
Eh! la voilà, monsieur.
(*Il suit son maître, tenant sa robe de chambre toute déployée.*)

Valère
(*se promenant*).   Une école maudite
Me coûte, en un moment, douze trous tout de suite.
Que je suis un grand chien! Parbleu, je te saurai,   135
Maudit jeu de trictrac, ou bien je ne pourrai.
Tu peux me faire perdre, ô fortune ennemie!
Mais me faire payer, parbleu, je t'en défie;
Car je n'ai pas un sou.

Hector
(*tenant toujours la robe*).
Vous plairait-il, monsieur. . .

Valère
(*se promenant*).
Je me ris de tes coups, j'incague ta fureur.   140

Hector.

Votre robe de chambre est, monsieur, toute prête.

Valère.

Va te coucher, maraud ; ne me romps point la tête.
Va-t'en.

Hector.

Tant mieux.

SCÈNE V.

VALÈRE

(se mettant dans un fauteuil).

Je veux dormir dans ce fauteuil.
Que je suis malheureux ! Je ne puis fermer l'œil.
Je dois de tous côtés, sans espoir, sans ressource,   145
Et n'ai pas, grâce au ciel, un écu dans ma bourse.
Hector ! . . . Que ce coquin est heureux de dormir !
Hector !

SCÈNE VI.

VALÈRE, HECTOR.

Hector

(derrière le théâtre).

Monsieur ?

Valère.

Eh bien ! bourreau, veux-tu venir ?
(Hector entre à moitié déshabillé.)
N'es-tu pas las encor de dormir, misérable ?

Hector.

Las de dormir, monsieur ? Hé ! je me donne au diable,   150
Je n'ai pas eu le temps d'ôter mon justaucorps. jerkis

Valère.

Tu dormiras demain.

Hector

(*à part*).   Il a le diable au corps.

Valère.

Est-il venu quelqu'un?

Hector.

Il est, selon l'usage,

Venu maint créancier: de plus, un gros visage,
Un maître de trictrac qui ne m'est pas connu.   155
Le maître de musique est encore venu.
Ils reviendront bientôt.

Valère.

Bon. Pour cette autre affaire

M'as-tu déterré. . .

Hector.

Qui? Cette honnête usurière

Qui nous prête, par heure, à vingt sous par écu?

Valère.

Justement, elle-même.

Hector.

Oui, monsieur, j'ai tout vu.   160

Qu'on vend cher maintenant l'argent à la jeunesse!
Mais enfin, j'ai tant fait, avec un peu d'adresse,
Qu'elle m'a reconduit d'un air fort obligeant;
Et vous aurez, je crois, au plus tôt votre argent.

Valère.

J'aurais les mille écus! Ô ciel! quel coup de grâce!   165
Hector, mon cher Hector, viens çà que je t'embrasse.

Hector.

Comme l'argent rend tendre!

Valère.

Et tu crois qu'en effet

Je n'ai, pour en avoir, qu'à donner mon billet?

Hector.

Qui le refuserait serait bien difficile:
Vous êtes aussi bon que banquier de la ville.   170

Pour la réduire au point où vous la souhaitez,
Il a fallu lever bien des difficultés :
Elle est d'accord de tout, du temps, des arrérages :
Il ne faut maintenant que lui donner des gages.

Valère.

Des gages ?

Hector.

Oui, monsieur.

Valère.

Mais y penses-tu bien ? 175
Où les prendrai-je, dis ?

Hector.

Ma foi, je n'en sais rien.
Pour nippes nous n'avons qu'un grand fonds d'espérance,
Sur les produits trompeurs d'une réjouissance ;
Et, dans ce siècle-ci, messieurs les usuriers
Sur de pareils effets prêtent peu volontiers. 180

Valère.

Mais quel gage, dis-moi, veux-tu que je lui donne ?

Hector.

Elle viendra tantôt elle-même en personne :
Vous vous ajusterez ensemble en quatre mots.
Mais, monsieur, s'il vous plaît, pour changer de propos,
Aimeriez-vous toujours la charmante Angélique ? 185

Valère.

Si je l'aime ? Ah ! ce doute et m'outrage et me pique.
Je l'adore.

Hector.

Tant pis : c'est un signe fâcheux.
Quand vous êtes sans fonds, vous êtes amoureux ;
Et quand l'argent renaît, votre tendresse expire.
Votre bourse est, monsieur, puisqu'il faut vous le dire, 190
Un thermomètre sûr, tantôt bas, tantôt haut,
Marquant de votre cœur ou le froid ou le chaud.

Valère.

Ne crois pas que le jeu, quelque sort qu'il me donne,
Me fasse abandonner cette aimable personne.

Hector.

Oui, mais j'ai bien peur, moi, qu'on ne vous plante là. 195

Valère.

Et sur quel fondement peux-tu juger cela ?

Hector.

Nérine sort d'ici, qui m'a dit qu'Angélique
Pour Dorante, votre oncle, en ce moment s'explique.
Que vous jouez toujours, malgré tous vos serments :
Et qu'elle abjure enfin ses tendres sentiments.   200

Valère.

Dieux ! que me dis-tu là ?

Hector.

       Ce que je viens d'entendre.

Valère.

Bon ! cela ne se peut : on t'a voulu surprendre.

Hector.

Vous êtes assez riche en bonne opinion,
À ce qu'il me paraît.

Valère.

      Point. Sans présomption,
On sait ce que l'on vaut.

Hector.

       Mais si, sans vouloir rire, 205
Tout allait comme j'ai l'honneur de vous le dire,
Et qu'Angélique enfin pût changer. . .

Valère.

        En ce cas,
Je prends le parti. . . Mais cela ne se peut pas.

Hector.

Si cela se pouvait, qu'une passion neuve. . .

Valère.

En ce cas, je pourrais rabattre sur la veuve,   210
La comtesse sa sœur.

Hector.

      Ce dessein me plaît fort ;
J'aime un amour fondé sur un bon coffre-fort ;

Si vous vouliez un peu vous aider avec elle,
Cette veuve, je crois, ne serait point cruelle;
Ce serait une éponge à presser au besoin. 215

Valère.

Cette éponge, entre nous, ne vaudrait pas ce soin.

Hector.

C'est, dans son caractère, une espèce parfaite,
Un ambigu nouveau de prude et de coquette,
Qui croit mettre les cœurs à contribution,
Et qui veut épouser: c'est là sa passion. 220

Valère.

Épouser?

Hector.

     Un marquis de même caractère,
Grand épouseur aussi, la galope et la flaire.

Valère.

Et quel est ce marquis?

Hector.

     C'est, à vous parler net,
Un marquis de hasard fait par le lansquenet:
Fort brave, à ce qu'il dit, intrigant, plein d'affaires 225
Qui croit de ses appas les femmes tributaires;
Qui gagne au jeu beaucoup et qui, dit-on, jadis
Était valet de chambre avant d'être marquis.
Mais sauvons-nous, monsieur, j'aperçois votre père.

SCÈNE VII.

GÉRONTE, VALÈRE, HECTOR.

Géronte.

Doucement: j'ai deux mots à vous dire, Valère. 230
  (*À Hector.*)
Pour toi, j'ai quelques coups de canne à te prêter.

Hector.

Excusez-moi, monsieur, je ne puis m'arrêter.

Géronte.

Demeure là, maraud.

Hector

(*à part*).   Il n'est pas temps de rire.

Géronte.

Pour la dernière fois, mon fils, je viens vous dire
Que votre train de vie est si fort scandaleux,   235
Que vous m'obligerez à quelque éclat fâcheux.
Je ne puis retenir ma bile davantage,
Et ne saurais souffrir votre libertinage.
Vous êtes pilier-né de tous les lansquenets,
Qui sont, pour la jeunesse autant de trébuchets.   240
Un bois plein de voleurs est un plus sûr passage ;
Dans ces lieux, jour et nuit, ce n'est que brigandage.
Il faut opter des deux, être dupe ou fripon.

Hector.

Tous ces jeux de hasard n'attirent rien de bon.
J'aime les jeux galants où l'esprit se déploie.   245
    (*À Géronte.*)
C'est, monsieur, par exemple, un joli jeu que l'oie.

Géronte

(*à Hector*).
Tais-toi.
    (*À Valère.*)
        Non, à présent le jeu n'est que fureur
On joue argent, bijoux, maisons, contrats, honneur.
Et c'est ce qu'une femme, en cette humeur à craindre,
Risque plus volontiers, et perd plus sans se plaindre.   250

Hector.

Oh ! nous ne risquons pas, monsieur, de tels bijoux.

Géronte.

Votre conduite enfin m'enflamme de courroux :
Je ne puis vous souffrir vivre de cette sorte :
Vous m'avez obligé de vous fermer ma porte,
J'étais las, attendant chez moi votre retour,   255
Qu'on fît du jour la nuit, et de la nuit le jour.

Hector.

C'est bien fait. Ces joueurs qui courent la fortune
Dans leurs déréglements ressemblent à la lune,
Se couchant le matin et se levant le soir.

Géronte.

Vous me poussez à bout : mais je vous ferai voir   260
Que, si vous ne changez de vie et de manière,
Je saurai me servir de mon pouvoir de père,
Et que de mon courroux vous sentirez l'effet.

Hector

(*à Valère*).
Votre père a raison.

Géronte.

Comme le voilà fait !
Débraillé, mal peigné, l'œil hagard ! À sa mine,   265
On croirait qu'il viendrait, dans la forêt voisine,
De faire un mauvais coup.

Hector

(*à part*).   On croirait vrai de lui
Il a fait trente fois coupe-gorge aujourd'hui.

Géronte.

Serez-vous bientôt las d'une telle conduite ?
Parlez, que dois-je enfin espérer dans la suite ?   270

Valère.

Je reviens aujourd'hui de mon égarement,
Et ne veux plus jouer, mon père, absolument.

Hector

(*à part*).
Voilà du fruit nouveau dont son fils le régale.

Géronte.

Quand ils n'ont pas un sou, voilà de leur morale.

Valère.

J'ai de l'argent encore : et, pour vous contenter,   275
De mes dettes je veux aujourd'hui m'acquitter.

Géronte.

S'il est ainsi, vraiment, j'en ai bien de la joie.

Hector

(bas à Valère).

Vous acquitter, monsieur! avec quelle monnoie?

Valère

(bas à Hector).

Te tairas-tu?

(Haut à son père.)

      Mon oncle aspire dans ce jour

À m'ôter d'Angélique et la main et l'amour: 280

Vous savez que pour elle il a l'âme blessée,

Et qu'il veut m'enlever. . .

Géronte.

      Oui, je sais sa pensée,

Et je serai ravi de le voir confondu.

Hector

(à Géronte).

Vous n'avez qu'à parler, c'est un homme tondu.

Géronte.

Je voudrais bien déjà que l'affaire fût faite.   285

Angélique est fort riche, et point du tout coquette,

Maîtresse de son choix. Avec ce bon dessein,

Va te mettre en état de mériter sa main,

Payer tes créanciers. . .

Valère.

      J'y vais, j'y cours. . .

(Il va pour sortir, parle bas à Hector, et revient.)

              Mon père. . .

Géronte.

Hé! plaît-il?

Valère.

      Pour sortir entièrement d'affaire,   290

Il me manque environ quatre ou cinq mille francs.

Si vous vouliez, monsieur. . .

Géronte.

      Ah! ah! je vous entends.

Vous m'avez mille fois bercé de ces sornettes.

Non; comme vous pourrez, allez payer vos dettes.

Valère.

Mais, mon père, croyez. . .

Géronte.

À d'autres, s'il vous plaît. 295

Valère.

Prêtez-moi mille écus.

Hector

Nous paîrons l'intérêt

(*à Géronte*).
Au denier un.

Valère.

Monsieur. . .

Géronte.

Je ne puis vous entendre.

Valère.

Je ne veux point, mon père, aujourd'hui vous surprendre;
Et, pour vous faire voir quels sont mes bons desseins,
Retenez cet argent, et payez par vos mains. 300

Hector.

Ah! parbleu, pour le coup, c'est être raisonnable.

Géronte.

Et de combien encore êtes-vous redevable?

Valère.

La somme n'y fait rien.

Géronte.

La somme n'y fait rien?

Hector.

Non. Quand vous le verrez vivre en homme de bien,
Vous ne regretterez nullement la dépense; 305
Et nous ferons, monsieur, la chose en conscience.

Géronte.

Écoutez: je veux bien faire un dernier effort;
Mais, après cela, si. . .

Valère.

Modérez ce transport;

Que sur mes sentiments votre âme se repose.

Je vais voir Angélique; et mon cœur se propose   310
D'arrêter son courroux, déjà près d'éclater.

SCÈNE VIII.

GÉRONTE, HECTOR.

Hector.

Je m'en vais travailler, moi, pour vous contenter,
À vous faire, en raisons claires et positives,
Le mémoire succinct de nos dettes passives,
Et que j'aurai l'honneur de vous montrer dans peu.   315

SCÈNE IX.

GÉRONTE

(seul).

Mon frère en son amour n'aura pas trop beau jeu.
Non, quand ce ne serait que pour le contredire,
Je veux rompre l'hymen où son amour aspire;
Et j'aurai deux plaisirs à la fois, si je puis,
De chagriner mon frère, et marier mon fils.   320

SCÈNE X.

M. TOUTABAS, GÉRONTE.

Toutabas.

Avec tous les respects d'un cœur vraiment sincère,
Je viens pour vous offrir mon petit ministère.
Je suis, pour vous servir, gentilhomme Auvergnac,
Docteur dans tous les jeux, et maître de trictrac:
Mon nom est Toutabas, vicomte de la Case,   325
Et votre serviteur, pour terminer ma phrase.
Géronte
(à part).
Un maître de trictrac! Il me prend pour mon fils.
(Haut.)
Quoi! vous montrez, monsieur, un tel art dans Paris!

Et l'on ne vous a pas fait présent, en galère,
D'un brevet d'espalier ?

Toutabas

(*à part*).

À quel homme ai-je affaire ? 330

(*Haut.*)
Comment ! je vous soutiens que dans tous les Etats
On ne peut de mon art assez faire de cas :
Qu'un enfant de famille, et qu'on veut bien instruire,
Devrait savoir jouer avant que savoir lire.

Géronte.

Monsieur le professeur, avecque vos raisons, 335
Il faudrait vous loger aux Petites-Maisons.

Toutabas.

De quoi sert, je vous prie, une foule inutile
De chanteurs, de danseurs, qui montrent par la ville ?
Un jeune homme en est-il plus riche, quand il sait
Chanter ré, mi, fa, sol, ou danser un menuet ? 340
Paîra-t-on des marchands la cohorte pressante
Avec un vaudeville ou bien une courante ?
Ne vaut-il pas bien mieux qu'un jeune cavalier
Dans mon art au plus tôt se fasse initier ?
Qu'il sache, quand il perd, d'une âme non commune, 345
À force de savoir, rappeler la fortune ?
Qu'il apprenne un métier qui, par de sûrs secrets,
En le divertissant, l'enrichisse à jamais ?

Géronte.

Vous êtes riche, à voir ?

Toutabas.

Le jeu fait vivre à l'aise

Nombre d'honnêtes gens, fiacres, porteurs de chaise ; 350
Mille usuriers fournis de ces obscurs brillants
Qui vont de doigts en doigts tous les jours circulants :
Des Gascons à souper dans les brelans fidèles ;
Des chevaliers sans ordre ; et tant de demoiselles
Qui, sans le lansquenet et son produit caché, 355
De leur faible vertu feraient fort bon marché,

C 2

Et dont tous les hivers la cuisine se fonde
Sur l'impôt établi d'une infaillible ronde.

Géronte.

S'il est quelque joueur qui vive de son gain,
On en voit tous les jours mille mourir de faim,　　　360
Qui, forcés à garder une longue abstinence,
Pleurent d'avoir trop mis à la réjouissance.

Toutabas.

Et c'est de là que vient la beauté de mon art :
En suivant mes leçons, on court peu ce hasard.
Je sais quand il le faut, par un peu d'artifice,　　　365
D'un sort injurieux corriger la malice ;
Je sais, dans un trictrac, quand il faut un sonnez,
Glisser des dés heureux, ou chargés, ou pipés ;
Et quand mon plein est fait, gardant mes avantages,
J'en substitue aussi d'autres prudents et sages,　　　370
Qui, n'offrant à mon gré que des as à tous coups,
Me font en un instant enfiler douze trous.

Géronte.

Eh ! monsieur Toutabas, vous avez l'insolence
De venir dans ces lieux montrer votre science ?

Toutabas.

Oui, monsieur, s'il vous plaît.

Géronte.

　　　　　　　Et vous ne craignez pas　　　375
Que j'arme contre vous quatre paires de bras,
Qui le long de vos reins . . .

Toutabas.

　　　　　　　Monsieur, point de colère ;
Je ne suis point ici venu pour vous déplaire.

Géronte
(*le poussant*).

Maître juré filou, sortez de la maison.

Toutabas.

Non, je n'en sors qu'après vous avoir fait leçon.　　　380

Géronte.

À moi, leçon ?

Toutabas.

Je veux, par mon savoir extrême,
Que vous escamotiez un dé comme moi-même.

Géronte.

Je ne sais qui me tient, tant je suis animé,
Que quelques bons soufflets donnés à poing fermé...
Va-t'en.   (*Il le prend par les épaules.*)

Toutabas.

Puisque aujourd'hui votre humeur pétulante   385
Vous rend l'âme aux leçons un peu récalcitrante,
Je reviendrai demain pour la seconde fois.

Géronte.

Reviens.

Toutabas.

Vous plairait-il de m'avancer le mois ?

Géronte
(*le poussant tout à fait dehors*).

Sortiras-tu d'ici, vrai gibier de potence ?

Géronte
(*seul*).

Je ne puis respirer, et j'en mourrai, je pense.   390
Heureusement mon fils n'a point vu ce fripon ;
Il me prenait pour lui dans cette occasion.
Sachons ce qu'il a fait ; et, sans plus de mystère,
Concluons son hymen, et finissons l'affaire.

ACTE II.

SCÈNE I.

ANGÉLIQUE, NÉRINE.

Angélique.

Mon cœur serait bien lâche, après tant de serments,   395
D'avoir encor pour lui de tendres mouvements.

Nérine, c'en est fait, pour jamais je l'oublie ;
Je ne veux ni l'aimer, ni le voir de ma vie ;
Je sens la liberté de retour dans mon cœur.
Ne me viens pas, au moins, parler en sa faveur.   400

Nérine.

Moi, parler pour Valère ! Il faudrait être folle.
Que plutôt à jamais je perde la parole !

Angélique.

Ne viens point désormais, pour calmer mon dépit,
Rappeler à mes sens son air et son esprit ;
Car tu sais qu'il en a.

Nérine.

De l'esprit ! lui, madame !   405

Il est plus journalier mille fois qu'une femme :
Il rêve à tout moment ; et sa vivacité
Dépend presque toujours d'une carte ou d'un dé.

Angélique.

Mon cœur est maintenant certain de sa victoire.

Nérine.

Madame, croyez-moi, je connais le grimoire.   410
Souvent tous ces dépits sont des hoquets d'amour.

Angélique.

Non, l'amour de mon cœur est banni sans retour.

Nérine.

Cet hôte dans un cœur a bientôt fait son gîte ;
Mais il se garde bien d'en déloger si vite.

Angélique.

Ne crains rien de mon cœur.

Nérine.

S'il venait à l'instant,   415

Avec cet air flatteur, soumis, insinuant,
Que vous lui connaissez ; que, d'un ton pathétique,

(*Elle se met à ses pieds.*)

Il vous dit, à vos pieds. 'Non, charmante Angélique,
Je ne veux opposer à tout votre courroux

Qu'un seul mot : Je vous aime, et je n'aime que vous.   420
Votre âme en ma faveur n'est-elle point émue ?
Vous ne me dites rien ! vous détournez la vue !

(*Elle se relève.*)

Vous voulez donc ma mort ? Il faut vous contenter.'
Peut-être en ce moment, pour vous épouvanter,
Il se soufflettera d'une main mutinée,   425
Se donnera du front contre une cheminée,
S'arrachera, de rage, un toupet de cheveux
Qui ne sont pas à lui.   Mais de ces airs fougueux
Ne vous étonnez pas ; comptez qu'en sa colère
Il ne se fera pas grand mal.

Angélique.

Laisse-moi faire.   430

Nérine.

Vous voilà, grâce au ciel, bien instruite sur tout ;
Ne vous démentez point, tenez bon jusqu'au bout.

SCÈNE II.

LA COMTESSE, ANGÉLIQUE, NÉRINE.

La Comtesse.

On dit partout, ma sœur, qu'un peu moins prévenue,
Vous épousez Dorante ?

Angélique.

Oui, j'y suis résolue.

La Comtesse.

Mon cœur en est ravi.   Valère est un vrai fou,   435
Qui jouerait votre bien jusques au dernier sou.

Angélique.

D'accord.

La Comtesse.

J'aime à vous voir vaincre votre tendresse.
Cet amour, entre nous, était une faiblesse.
Il faut se dégager de ces attachements
Que la raison condamne, et qui flattent nos sens.   440

Angélique.

Il est vrai.

La Comtesse.

　　　Rien n'est plus à craindre, dans la vie,
Qu'un époux qui du jeu ressent la tyrannie.
J'aimerais mieux qu'il fût gueux, avaricieux,
Coquet, fâcheux, mal fait, brutal, capricieux,
Ivrogne, sans esprit, débauché, sot, colère,　　　　　445
Que d'être un emporté joueur comme est Valère.

Angélique.

Je sais que ce défaut est le plus grand de tous.

La Comtesse.

Vous ne voulez donc plus en faire votre époux ?

Angélique.

Moi, non : dans ce dessein nos humeurs sont conformes ?

Nérine.

Il a, ma foi, reçu son congé dans les formes.　　　　　450

La Comtesse.

C'est bien fait.　Puisque enfin vous renoncez à lui,
Je vais l'épouser, moi.

Angélique.
　　　L'épouser ?

La Comtesse.

　　　　　　　Aujourd'hui.

Angélique.

Ce joueur qu'à l'instant . . .

La Comtesse.

　　　　　Je saurai le réduire.
On sait sur les maris ce que l'on a d'empire.

Angélique.

Quoi ! vous voulez, ma sœur, avec cet air si doux,　　　455
Ce maintien réservé, prendre un nouvel époux ?

La Comtesse.

Et pourquoi non, ma sœur ? Fais-je donc un grand **crime**
De rallumer les feux d'un amour légitime ?

J'avais fait vœu de fuir tout autre engagement.
Pour garder du 'défunt le souvenir charmant, 460
Je portais son portrait ; et cette vive image
Me soulageait un peu des chagrins du veuvage :
Mais qu'est-ce qu'un portrait, quand on aime bien fort ?
C'est un époux vivant qui console d'un mort.

Nérine.

Madame n'aime pas les maris en peinture. 465

La Comtesse.

Cela racquitte-t-il d'une perte aussi dure ?

Nérine.

C'est irriter le mal, au lieu de l'adoucir.

Angélique.

Connaisseuse en maris, vous deviez mieux choisir.
Vous unir à Valère !

La Comtesse.

Oui, ma sœur, à lui-même.

Angélique.

Mais vous n'y pensez pas. Croyez-vous qu'il vous aime ? 470

La Comtesse.

S'il m'aime, lui ! s'il m'aime ! Ah ! quel aveuglement !
On a certains attraits, un certain enjoûment,
Que personne ne peut me disputer, je pense.

Angélique.

Après un si long temps de pleine jouissance,
Vos attraits sont à vous sans contestation. 475

La Comtesse.

Et je puis en user à ma discrétion.

Angélique.

Sans doute. Et je vois bien qu'il n'est pas impossible
Que Valère pour vous ait eu le cœur sensible.
L'or est d'un grand secours pour acheter un cœur :
Ce métal, en amour, est un grand séducteur. 480

La Comtesse.

En vain vous m'insultez avec un tel langage ;
La modération fut toujours mon partage :
Mais ce n'est point par l'or que brillent mes attraits ;
Et jamais, en aimant, je ne fis de faux frais.
Mes sentiments, ma sœur, sont différents des vôtres ;   485
Si je connais l'amour, ce n'est que dans les autres.
J'ai beau m'armer de fier, je vois de toutes parts
Mille cœurs amoureux suivre mes étendards :
Un conseiller de robe, un seigneur de finance,
Dorante, le marquis, briguent mon alliance ;   490
Mais si d'un nouveau nœud je veux bien me lier,
Je prétends à Valère offrir un cœur entier.
Je fais profession d'une vertu sévère.

Angélique.

Qui peut vous assurer de l'amour de Valère ?

La Comtesse.

Qui peut m'en assurer ? mon mérite, je crois.   495

Angélique.

D'autres sur lui, ma sœur, auraient les mêmes droits.

La Comtesse.

Il n'eut jamais pour vous qu'une estime stérile,
Un petit feu léger, vagabond, volatile.
Quand on veut inspirer une solide amour,
Il faut avoir vécu, ma sœur, bien plus d'un jour ;   500
Avoir un certain poids, une beauté formée
Par l'usage du monde, et des ans confirmée.
Vous n'en êtes pas là.

Angélique.

J'attendrai bien du temps.

Nérine.

Madame est prévoyante, elle a pris les devants.
Mais on vient.

SCÈNE III.

LA COMTESSE, ANGÉLIQUE, NÉRINE, UN LAQUAIS. footma

Le Laquais
(*à la comtesse*).

Le marquis, madame, est là qui monte.   505

La Comtesse.

Le marquis? Hé! non, non; il n'est pas sur mon compte.

SCÈNE IV.

LE MARQUIS, LA COMTESSE, ANGÉLIQUE, NÉRINE.

Le Marquis
(*se rajustant, à la comtesse*).

Je suis tout en désordre : un maudit embarras
M'a fait quitter ma chaise à deux ou trois cents pas;
Et j'y serais encor dans des peines mortelles,
Si l'Amour, pour vous voir, ne m'eût prêté ses ailes.   510

La Comtesse.

Que monsieur le marquis est galant sans fadeur!

Le Marquis.

Oh! point du tout, je suis votre humble serviteur.
Mais, à vous parler net, sans que l'esprit fatigue,
Près du sexe je sais me démêler d'intrigue.
    (*Apercevant Angélique*).
Ah! juste ciel! quel est cet admirable objet?   515

La Comtesse.

C'est ma sœur.

Le Marquis.

    Votre sœur! vraiment, c'est fort bien fait.
Je vous sais gré d'avoir une sœur aussi belle;
On la prendrait, parbleu, pour votre sœur jumelle.

La Comtesse.

Comme à tout ce qu'il dit il donne un joli tour !
Qu'il est sincère ! On voit qu'il est homme de cour. 520

Le Marquis.

Homme de cour, moi ! non. Ma foi, la cour m'ennuie.
L'esprit de ce pays n'est qu'en superficie ;
Sitôt que vous voulez un peu l'approfondir,
Vous rencontrez le tuf. J'y pourrais m'agrandir ;
J'ai de l'esprit, du cœur, plus que seigneur de France : 525
Je joue, et j'y ferais fort bonne contenance :
Mais je n'y vais jamais que par nécessité,
Et pour y rendre au Roi quelque civilité.

Nérine.

Il vous est obligé, monsieur, de tant de peine.

Le Marquis.

Je n'y suis pas plus tôt, soudain je perds haleine. 530
Ces fades compliments sur de grands mots montés,
Ces protestations, qui sont futilités,
Ces serrements de mains dont on vous estropie,
Ces grands embrassements dont un flatteur vous lie,
M'ôtent à tout moment la respiration : 535
On ne s'y dit bonjour que par convulsion.

Angélique
(au marquis).

Les dames de la cour sont bien mieux votre affaire.

Le Marquis.

Point. Il faut être au moins gros fermier pour leur plaire :
Leur sotte vanité croit ne pouvoir trop haut
À des faveurs de cour mettre un injuste taux. 540
Moi, j'aime à pourchasser des beautés mitoyennes.
L'hiver, dans un fauteuil, avec des citoyennes,
Les pieds sur les chenets étendus sans façons,
Je pousse la fleurette, et conte mes raisons.
Là, toute la maison s'offre à me faire fête ; 545
Valets, filles de chambre, enfants, tout est honnête.

.   .   .   .

Je . .

Nérine.

Ce commerce-là me paraît assez doux.   551

Le Marquis

(*à la comtesse*).

C'est ainsi que je veux en user avec vous.
Je suis tout naturel, et j'aime la franchise :
Ma bouche ne dit rien que mon cœur n'autorise :
Et quand de mon amour je vous fais un aveu,   555
Madame, il est trop vrai que je suis tout en feu.

La Comtesse.

Fi donc, petit badin, un peu de retenue !
Vous me parlez, marquis, une langue inconnue :
Le mot d'amour me blesse, et me fait trouver mal.

Le Marquis.

L'effet n'en serait pas peut-être si fatal.   560

Nérine.

Elle veut qu'en détours la chose s'enveloppe ;
Et ce mot, dit à cru, lui cause une syncope.

Angélique.

Dans la bouche d'un autre il deviendrait plus doux.

La Comtesse.

Comment ? Qu'est-ce ? Plaît-il ? Parlez ; expliquez-vous.
Parlez donc, parlez donc. Apprenez, je vous prie,   565
Que mortel, quel qu'il soit, ne me dit de ma vie
Un mot douteux qui pût effleurer mon honneur.

Le Marquis.

Croirait-on qu'une veuve aurait tant de pudeur ?

Angélique.

Mais Valère vous aime : et souvent ...

Le Marquis.

                              Qu'est-ce à dire,
Valère ? Un autre ici conjointement soupire !   570
Ah ! si je le savais, je lui ferais, morbleu ...
Où loge-t-il ?

Nérine.

     Ici.

Le Marquis
(*fait semblant de s'en aller, et revient*).
Nous nous verrons dans peu.

La Comtesse.
Mais quel droit avez-vous sur moi?

Le Marquis.
Quel droit, ma reine?
Le droit de bienséance avec celui d'aubaine.
Vous me convenez fort, et je vous conviens mieux.   575
Sur vous l'on sait assez que je jette les yeux.

La Comtesse.
Vous êtes fou, marquis, de parler de la sorte.

Le Marquis.
Je sais ce que je dis, ou le diable m'emporte.

La Comtesse.
Sommes-nous donc liés par quelque engagement?

Le Marquis.
Non pas autrement ... mais ...

La Comtesse.
Qu'est-ce à dire? comment?
Parlez.

Le Marquis.
Je ne sais point prendre en main des trompettes
Pour publier partout les faveurs qu'on m'a faites. ·   582

Angélique.
Ah! ma sœur!

Nérine.
Des faveurs!

Le Marquis.
Suffit, je suis discret.
Et sais, quand il le faut, oublier un secret.

La Comtesse.
On ne connaît que trop ma retenue austère.   585
Il veut rire.

Le Marquis.

Ah! parbleu, je saurai de Valère
Quel est, en vous aimant, le but de ses désirs,
Et de quel droit il vient chasser sur mes plaisirs.

SCÈNE V.

ANGÉLIQUE, LA COMTESSE, LE MARQUIS, NÉRINE,
un laquais.

Le Laquais
(*rendant un billet au marquis*).
Monsieur, c'est de la part de la grosse comtesse.
Le Marquis
(*le mettant dans sa poche*).
Je le lirai tantôt.   (*Le laquais sort.*)

SCÈNE VI.

ANGÉLIQUE, LA COMTESSE, LE MARQUIS, NÉRINE,
un second laquais.

Le second Laquais.
Cette jeune duchesse   590
Vous attend à vingt pas pour vous mener au jeu.
Le Marquis.
Qu'elle attende.   (*Le second laquais sort.*)

SCÈNE VII.

ANGÉLIQUE, LA COMTESSE, LE MARQUIS, NÉRINE,
un troisième laquais.

Le troisième Laquais.
Monsieur ...

Le Marquis.
Encore! Ah! palsambleu;
Il faut que de la ville enfin je me dérobe.

Le troisième Laquais.

Je viens de voir, monsieur, cette femme de robe,   594

. . . .

Le Marquis.

Bon . . .

Le troisième Laquais.

Je sais.   (*Il sort.*)

SCÈNE VIII.

ANGÉLIQUE, LA COMTESSE, LE MARQUIS, NÉRINE.

Le Marquis.

Il faudrait avoir un corps de fer   600
Pour résister à tout. J'ai de l'ouvrage à faire,
Comme vous le voyez ; mais je m'en veux distraire.
(*À la comtesse.*) .
Vous ferez désormais tous mes soins les plus doux.

La Comtesse.

Si mon cœur était libre, il pourrait être à vous.

Le Marquis.

Adieu, charmant objet : à regret je vous quitte,   505
C'est un pesant fardeau d'avoir un gros mérite.

SCÈNE IX.

LA COMTESSE, ANGÉLIQUE NÉRINE.

Nérine
(*à la comtesse*).
Cet homme-là vous aime épouvantablement.

Angélique
(*à la comtesse*).
Je ne vous croyais pas un tel engagement.

La Comtesse.

Il est vif.

Angélique.

Il vous aime ; et son ardeur est belle.

La Comtesse.

L'amour qu'il a pour moi lui tourne la cervelle :　　610
Il ne m'a pourtant vue encore que deux fois.

Nérine.

Il en a donc bien fait la première ...

SCÈNE X.

VALÈRE, LA COMTESSE, ANGÉLIQUE, NÉRINE.

Nérine.

　　　　　　　Je crois
Voir Valère.

La Comtesse.

　　L'amour auprès de moi le guide.

Nérine.

Il tremble en approchant.

La Comtesse.

　　J'aime un amant timide.
Cela marque un bon fond.
　　(*À Valère.*)　　　　Approchez, approchez ;　　615.
Ouvrez de votre cœur les sentiments cachés.
　　(*À Angélique.*)
Vous allez voir, ma sœur.

Valère

　　(*à la comtesse*).　　Ah ! quel bonheur, madame,
Que vous me permettiez d'ouvrir toute mon âme ;
　　(*À Angélique.*)
Et quel plaisir de dire, en des transports si doux,
Que mon cœur vous adore, et n'adore que vous !　　620

La Comtesse.

L'amour le trouble. Eh quoi ! que faites-vous, Valère ?

Valère.

Ce que vous-même ici m'avez permis de faire.

Nérine

(*à part*).

Voici du quiproquo.

Valère

(*à Angélique*). Que je serais heureux

S'il vous plaisait encor de recevoir mes vœux.

La Comtesse

(*à Valère*).

Vous vous méprenez.

Valère

(*à la comtesse*). Non. Enfin, belle Angélique, 625

Entre mon oncle et moi que votre cœur s'explique ;

Le mien est tout à vous, et jamais dans un cœur...

La Comtesse.

Angélique !

Valère.

On ne vit une plus noble ardeur.

La Comtesse.

Ce n'est donc pas pour moi que votre cœur soupire ?

Valère.

Madame, en ce moment je n'ai rien à vous dire. 630

Regardez votre sœur ; et jugez si ses yeux

Ont laissé dans mon cœur de place à d'autres feux.

La Comtesse.

Quoi ! d'aucun feu pour moi votre âme n'est éprise ?

Valère.

Quelques civilités que l'usage autorise...

La Comtesse.

Comment ?

Angélique.

Il ne faut pas avec sévérité 635

Exiger des amants trop de sincérité.

Ma sœur, tout doucement avalez la pilule.

La Comtesse.

Taisez-vous, s'il vous plaît, petite ridicule.

Valère
(*à la. comtesse*).

Vous avez cent vertus, de l'esprit, de l'éclat ;
Vous êtes belle, riche, et . . .

La Comtesse.

Vous êtes un <u>fat</u>.   640

Angélique.

La modération, qui fut votre partage,
Vous ne la mettez pas, ma sœur, trop en usage.

La Comtesse.

Monsieur vaut-il le soin qu'on se mette en <u>courroux</u> ?
C'est un extravagant ; il est tout fait pour <u>vous</u>.

(*Elle sort.*)

SCÈNE XI.

VALÈRE, ANGÉLIQUE, NÉRINE.

Nérine
(*à part*).

Elle connaît ses gens.

Valère.

Oui, pour vous je soupire,   645
Et je voudrais avoir cent bouches pour le dire.

Nérine
(*bas à Angélique*).

Allons, madame, allons, ferme ; voici le. choc :
Point de faiblesse au moins ! ayez un cœur de roc.

Angélique
(*bas à Nérine*).

Ne m'abandonne point.

Nérine
(*bas à Angélique*). Non, non ; laissez-moi faire.

D 2

Valère.

Mais que me sert, hélas! que mon cœur vous préfère?
Que sert à mon amour un si sincère aveu?   651
Vous ne m'écoutez point, vous dédaignez mon feu.
De vos beaux yeux pourtant, cruelle, il est l'ouvrage.
Je sais qu'à vos beautés c'est faire un dur outrage
De nourrir dans mon cœur des désirs partagés;   655
Que la fureur du jeu se mêle où vous régnez:
Mais ...

Angélique.

Cette passion est trop forte en votre âme
Pour croire que l'amour d'aucun feu vous enflamme.
Suivez, suivez l'ardeur de vos emportements;
Mon cœur n'en aura point de jaloux sentiments.   660

Nérine
(*bas à Angélique*).

Optime.

Valère.

Désormais, plein de votre tendresse,
Nulle autre passion n'a rien qui m'intéresse;
Tout ce qui n'est point vous me paraît odieux.

Angélique
(*d'un ton plus tendre*).

Non, ne vous présentez jamais devant mes yeux.

Nérine
(*bas à Angélique*).

Vous mollissez.

Valère.

Jamais! quelle rigueur extrême!   665
Jamais! Ah! que ce mot est cruel quand on aime!
Hé quoi! rien ne pourra fléchir votre courroux?
Vous voulez donc me voir mourir à vos genoux?

Angélique.

Je prends peu d'intérêt, monsieur, à votre vie..

Nérine
(*bas à Angélique*).

Nous allons bientôt voir jouer la comédie.   670

Valère.

Ma mort sera l'effet de mon cruel dépit.

Nérine

(*bas à Angélique*).

Qu'un amant mort pour nous nous mettrait en crédit !

Valère.

Vous le voulez ? Eh bien ! il faut vous satisfaire,
Cruelle, il faut mourir.   (*Il veut tirer son épée.*)

Angélique

(*l'arrêtant*).   Que faites-vous, Valère ?

Nérine

(*bas à Angélique*).

Eh bien ! ne voilà pas votre tendre maudit   675
Qui vous prend à la gorge ! Euh !

Angélique

(*bas à Nérine*).

                         Tu ne m'as pas dit,
Nérine, qu'il viendrait se percer à ma vue ;
Et je tremble de peur quand une épée est nue.

Nérine

(*à part*).

Que les amants sont sots !

Valère.

                         Puisqu'un soin généreux
Vous intéresse encore aux jours d'un malheureux,   680
Non, ce n'est point assez de me rendre la vie ;
Il faut que, par l'amour, désarmée, attendrie,
Vous me rendiez encor ce cœur si précieux,
Ce cœur sans qui le jour me devient odieux.

Angélique

(*bas à Nérine*).

Nérine, qu'en dis-tu ?

Nérine

(*bas à Angélique*). Je dis qu'en la mêlée   685
Vous avez moins de cœur qu'une poule mouillée.

Valère.

Madame, au nom des dieux, au nom de vos attraits…

Angélique.

Si vous me promettiez ...

Valère.

          Oui, je vous le promets,
Que la fureur du jeu sortira de mon âme,
Et que j'aurai pour vous la plus ardente flamme ...   690

Nérine

(à part).

Pour faire des serments il est toujours tout prêt.

Angélique.

Il faut encore, ingrat, vouloir ce qu'il vous plaît.
Oui, je vous rends mon cœur.

Valère

(baisant la main d'Angélique).

          Ah! quelle joie extrême!

Angélique.

Et, pour vous faire voir à quel point je vous aime,
Je joins à ce présent celui de mon portrait.   695

    (Elle lui donne son portrait, enrichi de diamants.)

Nérine

(à part).

Hélas! de mes sermons voilà quel est l'effet!

Valère.

Quel excès de faveurs!

Angélique.

        Gardez-le, je vous prie.

Valère

(le baisant).

Que je le garde, ô ciel! Le reste de ma vie ...
Que dis-je? je prétends que ce portrait si beau
Soit mis avecque moi dans le même tombeau,   700
Et que même la mort jamais ne nous sépare.

Nérine

(à part).

Que l'esprit d'une fille est changeant et bizarre!

Angélique.

Ne me trompez donc plus, Valère ; et que mon cœur
Ne se repente point de sa facile ardeur.

Valère.

Fiez-vous aux serments de mon âme amoureuse.   705

Nérine
(*à part*).

Ah! que voilà pour l'oncle une époque fâcheuse !

SCÈNE XII.

VALÈRE

(*seul*).

Est-il dans l'univers de mortel plus heureux ?
Elle me rend son cœur ; elle comble mes vœux,
M'accable de faveurs ...

SCÈNE XIII.

VALÈRE, HECTOR.

Hector.

Monsieur, je viens vous dire ...

Valère.

Je suis tout transporté. Vois, considère, admire :   710
Angélique m'a fait ce généreux présent.

Hector.

Que les brillants sont gros ! Pour être plus content,
Je vous amène encore un lénitif de bourse,
Une usurière.

Valère.

Et qui ?

Hector.

Madame la Ressource.

SCÈNE XIV.

MME. LA RESSOURCE, VALÈRE, HECTOR.

Valère
(embrassant madame la Ressource).

Hé! bonjour, mon enfant: tu ne peux concevoir					715
Jusqu'où va dans mon cœur le plaisir de te voir.

Madame la Ressource.

Je vous suis obligée on ne peut davantage.

Hector.

Elle est jolie encor. Mais quel sombre équipage!
Vous voilà, sans mentir, aussi noire qu'un four.

Valère.

Ne vois-tu pas, Hector, que c'est un deuil de cour?					720

Madame la Ressource.

Oh! monsieur, point du tout. Je suis une bourgeoise
Qui sais me mesurer justement à ma toise.
J'en connais bien pourtant, qui ne me valent pas,
Qui se font teindre en noir du haut jusques en bas:
Mais, pour moi, je n'ai point cette sotte manie;					725
Et si mon pauvre époux était encore en vie ...

					(Elle pleure.)

Valère.

Quoi! monsieur la Ressource est mort?

Madame la Ressource.

							Subitement.

Hector
(pleurant).

Subitement? Hélas! j'en suis fâché vraiment.
	(Bas à Valère.)
Au fait.

Valère.

		J'aurais besoin, madame la Ressource,
De mille écus.

Madame la Ressource.
Monsieur, disposez de ma bourse.   730

Valère.
Je fais, bien entendu, mon billet au porteur.

Hector.
Et je veux l'endosser.

Madame la Ressource.
                    Avec les gens d'honneur
On ne perd jamais rien.

Valère.
                    Je veux que tu le prennes.
Nous faisons ici-bas des routes incertaines;
Je pourrais bien mourir. Ce maraud m'avait dit   735
Que sur des gages sûrs tu prêtais à crédit.

Madame la Ressource.
Sur des gages, monsieur? c'est une médisance;
Je sais que ce serait blesser ma conscience.
Pour des nantissements qui valent bien leur prix,
De la vieille vaisselle au poinçon de Paris,   740
Des diamants usés, et qu'on ne saurait vendre,
Sans risquer mon honneur, je crois que j'en puis prendre.

Valère.
Je n'ai, pour te donner, vaisselle ni bijoux.

Hector.
Oh! parbleu, nous marchons sans crainte des filous.

Madame la Ressource.
Eh bien! nous attendrons, monsieur, qu'il vous en vienne.

Valère.
Compte, ma pauvre enfant, que ma mort est certaine, 746
Si je n'ai dans ce jour mille écus.

Madame la Ressource.
                    Ah! monsieur,
Je voudrais les avoir; ce serait de grand cœur.

Valère.

Ma charmante, mon cœur, ma reine, mon aimable,
Ma belle, ma mignonne, et ma tout adorable.   750

Hector
(*à genoux*).
Par pitié !

Madame la Ressource.

Je ne puis.

Hector.

Ah ! que nous sommes fous !
Tous ces gens-là, monsieur, ont des cœurs de cailloux :
Sans des nantissements il ne faut rien prétendre.

Valère.

Dis-moi donc, si tu veux, où je les pourrai prendre.

Hector.

Attendez ... Mais comment, avec un cœur d'airain,   755
Refuser un billet endossé de ma main ?

Valère.

Mais vois donc.

Hector.

Laissez-moi : je cherche en ma boutique.

Valère
(*bas à Hector*).
Écoute ... Nous avons le portrait d'Angélique.
Dans le temps difficile il faut un peu s'aider.

Hector
(*bas à Valère*).
Ah ! que dites-vous là ? Vous devez le garder.   760

Valère
(*bas à Hector*).
D'accord : honnêtement je ne puis m'en défaire.

Madame la Ressource.

Adieu. Quelque autre fois nous finirons l'affaire.

Valère

(*à madame la Ressource*).

Attendez donc.

(*Bas à Hector*). Tu sais jusqu'où vont mes besoins.
N'ayant pas son portrait, l'en aimerai-je moins?

Hector

(*bas à Valère*).

Fort bien. Mais voulez-vous que cette perfidie ...   765

Valère

(*bas à Hector*).

Il est vrai. J'ai tantôt cette grosse partie
De ces joueurs en fonds qui doivent s'assembler.

Madame la Ressource.

Adieu.

Valère

(*à madame la Ressource*).

    Demeurez donc; où voulez-vous aller?
(*Bas à Hector.*)

Je ferai de l'argent; ou celui de mon père,
Quoi qu'il puisse arriver, nous tirera d'affaire.   770

Hector

(*bas à Valère*).

Que peut dire Angélique alors qu'elle apprendra
Que de son cher portrait ...

Valère

(*bas à Hector*).   Et qui le lui dira?
Dans une heure au plus tard nous irons le reprendre.

Hector

(*bas à Valère*).
Dans une heure?

Valère

(*bas à Hector*). Oui, vraiment.

Hector

(*bas à Valère*).   Je commence à me rendre.

Valère

(*bas à Hector*).

Je me mettrais en gage en mon besoin urgent.   775

Hector
(*bas à Valère, le considérant*).
Sur cette nippe-là vous auriez peu d'argent.

Valère
(*bas à Hector*).
On ne perd pas toujours : je gagnerai sans doute.

Hector
(*bas à Valère*).
Votre raisonnement met le mien en déroute.
Je sais que ce micmac ne vaut rien dans le fond.

Valère
(*bas à Hector*).
Je m'en tirerai bien, Hector, je t'en répond.   780
(*À madame la Ressource, montrant le portrait d'Angélique.*)
Peut-on, sur ce bijou, sans trop de complaisance . . .

Madame la Ressource.
Oui, je puis maintenant, prêter en conscience ;
Je vois des diamants qui répondent du prêt,
Et qui peuvent porter un modeste intérêt.
Voilà les mille écus comptés dans cette bourse.   785

Valère.
Je vous suis obligé, madame la Ressource.
Au moins, ne manquez pas de revenir tantôt.
Je prétends retirer mon portrait au plus tôt.

Madame la Ressource.
Volontiers. Nous aimons à changer de la sorte.
Plus notre argent fatigue, et plus il nous rapporte.   790
Adieu, messieurs. Je suis tout à vous à ce prix.
(*Elle sort.*)

Hector
(*à madame la Ressource*).
Adieu, juif, le plus juif qui soit dans tout Paris.

SCÈNE XV.

VALÈRE, HECTOR.

Hector.

Vous faites là, monsieur, une action inique.

Valère.

Aux maux désespérés il faut de l'émétique ;
Et cet argent, offert par les mains de l'amour,   795
Me dit que la fortune est pour moi dans ce jour.

ACTE III.

SCÈNE PREMIÈRE.

DORANTE, NÉRINE.

Dorante.

Quel est donc le sujet pourquoi ton cœur soupire ?

Nérine.

Nous n'avons pas, monsieur, tous deux sujet de rire.

Dorante.

Dis-moi donc, si tu veux, le sujet de tes pleurs ?

Nérine.

Il faut aller, monsieur, chercher fortune ailleurs.   800

Dorante.

Chercher fortune ailleurs ! As-tu fait quelque pièce
Qui t'aurait fait sitôt chasser de ta maîtresse.

Nérine
(*pleurant plus fort*).

Non : c'est de votre sort dont j'ai compassion ;
Et c'est à vous d'aller chercher condition.

Dorante.

Que dis-tu?

Nérine.

  Qu'Angélique est une âme légère,   805
Et s'est mieux que jamais rengagée à Valère.

Dorante.

Quoique pour mon amour, ce coup soit assommant,
Je ne suis point surpris d'un pareil changement.
Je sais que cet amant tout entière l'occupe:
De ses ardeurs pour moi je ne suis point la dupe: 810
Et lorsque de ses feux je sens quelque retour,
Je dois tout au dépit, et rien à son amour.
Je ne veux point, Nérine, éclater en injures,
Ni rappeler ici ses serments, ses parjures:
Ainsi que mon amour je calme mon courroux. 815

Nérine.

Si vous saviez, monsieur, ce que j'ai fait pour vous!

Dorante.

Tiens, reçois cette bague, et dis à ta maîtresse
Que, malgré ses dédains, elle aura ma tendresse,
Et que la voir heureuse est mon plus grand bonheur.

Nérine
(*prenant la bague en pleurant*).

Ah! ah! je n'en puis plus: vous me <u>fendez le cœur</u>. 820

SCÈNE II.

GÉRONTE, HECTOR, DORANTE, NÉRINE.

Hector
(*à Géronte*).

Oui, monsieur, Angélique épousera Valère,
Ils ont signé la paix.

Géronte
(*à Hector*).   Tant mieux.
(*À Dorante.*)   Bonjour, mon frère.

Qu'est-ce? Eh bien! qu'avez-vous? Vous êtes tout changé!
Allons, gai. Vous a-t-on donné votre congé?

Dorante.

Vous êtes bien instruit des chagrins qu'on me donne! 825
On ne me verra point violenter personne;
Et quand je perds un cœur qui cherche à s'éloigner,
Mon frère, je prétends moins perdre que gagner.

Géronte.

Voilà les sentiments d'un héros de Cassandre.
Entre nous, vous aviez fort grand tort de prétendre 830
Que sur votre neveu vous puissiez l'emporter.

Dorante.

Non; je ne sus jamais jusque-là me flatter.
La jeunesse toujours eut des droits sur les belles;
L'Amour est un enfant qui badine avec elles;
Et quand, à certain âge, on veut se faire aimer, 835
C'est un soin indiscret qu'on devrait réprimer.

Géronte.

Je suis, en vérité, ravi de vous entendre;
Et vous prenez la chose ainsi qu'il la faut prendre.

Nérine.

Si l'on m'en avait cru, tout n'en irait que mieux.

Dorante.

Ma présence est assez inutile en ces lieux. 840
Je vais de mon amour tâcher à me défaire. (*Il sort.*)

Géronte.

Allez, consolez-vous; c'est fort bien fait, mon frère.
Adieu.

SCÈNE III.

GÉRONTE, NÉRINE, HECTOR.

Géronte.

Le pauvre enfant! Son sort me fait pitié.

Nérine
(*s'en allant*).
J'en ai le cœur saisi.

Hector.
Moi, j'en pleure à moitié.
Le pauvre homme !

SCÈNE IV.

GÉRONTE, HECTOR.

Hector
(*tirant un papier roulé avec plusieurs autres papiers*).
          Voilà, monsieur, un petit rôle   845
Des dettes de mon maître. Il vous tient sa parole,
Comme vous le voyez, et croit qu'en tout ceci
Vous voudrez bien, monsieur, tenir la vôtre aussi.

Géronte.
Çà, voyons, expédie au plus tôt ton affaire.

Hector.
J'aurai fait en deux mots. L'honnête homme de père ! 850
Ah ! qu'à notre secours à propos vous venez !
Encore un jour plus tard, nous étions ruinés.

Géronte.
Je le crois.

Hector.
       N'allez pas sur les points vous débattre ;
Foi d'honnête garçon, je n'en puis rien rabattre ;
Les choses sont, monsieur, tout au plus juste prix :   855
De plus, je vous promets que je n'ai rien omis.

Géronte.
Finis donc.

Hector.
      Il faut bien se mettre sur ses gardes.
'Mémoire juste et bref de nos dettes criardes,
Que Mathurin *Géronte* aurait tantôt promis
Et promet maintenant de payer pour son fils.'   860

Géronte.

Que je les paye ou non, ce n'est pas ton affaire.
'Lis toujours.

Hector.

C'est, monsieur, ce que je m'en vais faire.
'*Item*, doit à Richard cinq cents livres dix sous,
Pour gages de çinq ans, frais, mises, loyaux coûts.'

Géronte.

Quel est ce Richard?

Hector.

Moi, fort à votre service. 865
Ce nom n'étant point fait du tout à la propice
D'un valet de joueur, mon maître de nouveau
M'a mis celui d'Hector, du valet de carreau.

Géronte.

Le beau nom! Il devait appeler Angélique
Pallas, du nom connu de la dame de pique. 870

Hector.

'Secondement, il doit à Jérémie Aaron,
Usurier de métier, Juif de religion . . .'

Géronte.

Tout beau! n'embrouillons point, s'il vous plaît, les affaires:
Je ne veux point payer les dettes usuraires.

Hector.

Eh bien! soit. 'Plus, il doit à maints particuliers, 875
Ou quidams, dont les noms, qualités et métiers
Sont déduits plus au long avecque les parties,
Ès assignations dont je tiens les copies, ·
Dont tous lesdits quidams, ou du moins peu s'en faut,
Ont obtenu déjà sentence par défaut, 880
La somme de dix mille une livre, une obole,
Pour l'avoir, sans relâche, un an, sur sa parole,
Habillé, voituré, coiffé, chaussé, ganté,
Alimenté, rasé, désaltéré, porté.'

Géronte
(*faisant sauter les papiers que tient Hector*).
Désaltéré, porté ! Que le diable t'emporte,   885
Et ton maudit mémoire écrit de telle sorte !

Hector
(*après avoir ramassé les papiers*).
Si vous ne m'en croyez, demain, pour vous trouver,
J'enverrai les quidams tous à votre lever.

. . . .

Géronte.
Et tu prétends, bourreau . . .

Hector
(*tournant le rôle*).   Monsieur, point d'invectives, 897
Voici le contenu de nos dettes actives :
Et vous allez bien voir que le compte suivant,
Payé fidèlement, se monte à presque autant.   900

Géronte.
Voyons.

Hector.
    'Premièrement, Isaac de la Serre . . .'
Il est connu de vous.

Géronte.
    Et de toute la terre :
C'est ce négociant, ce banquier si fameux.

Hector.
Nous ne vous donnons pas de ces effets véreux ;
Cela sent comme baume. Or donc, ce de la Serre,   905
Si bien connu de vous et de toute la terre,
Ne nous doit rien.

Géronte.
Comment !

Hector.
    Mais un de ses parents,
Mort aux champs de Fleurus, nous doit dix mille francs.

Géronte.
Voilà certainement un effet fort bizarre !

Hector.

Oh! s'il n'était pas mort, c'était de l'or en barre.   910
'Plus, à mon maître est dû, du chevalier Fijac,
Les droits hypothéqués sur un tour de trictrac.'

Géronte.

Que dis-tu?

Hector.

   La partie est de deux cents pistoles;
C'est une dupe; il fait en un tour vingt écoles;
Il ne faut plus qu'un coup.

Géronte

(*lui donnant un soufflet*). Tiens, maraud, le voilà,   915
Pour m'offrir un mémoire égal à celui-là.
Va porter cet argent à celui qui t'envoie.

Hector.

Il ne voudra jamais prendre cette monnoie.

Géronte.

Impertinent maraud! va, je t'apprendrai bien
Avecque ton trictrac . . .

Hector.

   Il a dix trous à rien.   920

SCÈNE V.

HECTOR

(*seul*).

Sa main est à frapper, non à donner, légère;
Et mon maître a bien fait de faire ailleurs affaire.

SCÈNE VI.

VALÈRE, HECTOR.

(*Valère entre en comptant beaucoup d'argent dans son chapeau.*)

Hector

(*à part*).

Mais le voici qui vient poussé d'un heureux vent:
Il a les yeux sereins et l'accueil avenant.

(*Haut.*)

Par votre ordre, monsieur, j'ai vu monsieur *G*éronte,   925
Qui de notre mémoire a fait fort peu de compte :
Sa monnoie est frappée avec un vilain coin ;
Et de pareil argent nous n'avons pas besoin.
J'ai vu, chemin faisant, aussi monsieur Dorante :
Morbleu ! qu'il est fâché !

Valère

(*comptant toujours*).   Mille deux cent cinquante.   930

Hector

(*à part*).

La flotte est arrivée avec les galions,
Cela va diablement hausser nos actions.
    (*Haut.*)
J'ai vu pareillement, par votre ordre, Angélique :
Elle m'a dit . . .

Valère

(*frappant du pied*).

      Morbleu ! ce dernier coup me pique :
Sans les cruels revers de deux coups inouïs,   935
J'aurais encor gagné plus de deux cents louis.

Hector.

Cette fille, monsieur, de votre amour est folle.

Valère

(*à part*).

Damon m'en doit encor deux cents sur sa parole.

Hector

(*le tirant par la manche*).

Monsieur, écoutez-moi ; calmez un peu vos sens ;
Je parle d'Angélique, et depuis fort longtemps.   940

Valère

(*avec distraction*).

Ah ! d'Angélique ? Eh bien ! comment suis-je avec elle ?

Hector.

On n'y peut être mieux. Ah ! monsieur, qu'elle est belle !
Et que j'ai de plaisir à vous voir raccroché !

Valère

(*avec distraction*).

À te dire le vrai, je n'en suis pas fâché.

Hector.

Comment! quelle froideur s'empare de votre âme!   945
Quelle glace! Tantôt vous étiez tout de flamme.
Ai-je tort quand je dis que l'argent de retour
Vous fait faire toujours banqueroute à l'amour?
Vous vous sentez en fonds, *ergo* plus de. maîtresse.

Valère.

Ah! juge mieux, Hector, de l'amour qui me presse.   950
J'aime autant que jamais; mais sur ma passion
J'ai fait, en te quittant, quelque réflexion.
Je ne suis point du tout né pour le mariage:
Des parents, des enfants, une femme, un ménage,
Tout cela me fait peur. J'aime la liberté.   955

Hector.

Et le libertinage.

Valère.

Hector, en vérité,
Il n'est point dans le monde un état plus aimable
Que celui d'un joueur: sa vie est agréable;
Ses jours sont enchaînés par des plaisirs nouveaux;
Comédie, opéra, bonne chère, cadeaux;   960
Il traîne en tous les lieux la joie et l'abondance:
On voit régner sur lui l'air de magnificence;
Tabatières, bijoux: sa poche est un trésor:
Sous ses heureuses mains le cuivre devient or.

Hector.

Et l'or devient à rien.

Valère.

Chaque jour mille belles   965
Lui font la cour par lettre, et l'invitent chez elles:
La porte, à son aspect, s'ouvre à deux grands battants.
Là, vous trouvez toujours des gens divertissants;

Des femmes qui jamais n'ont pu fermer la bouche,
Et qui sur le prochain vous tirent à cartouche :   970
Des oisifs de métier, et qui toujours sur eux
Portent de tout Paris le lardon scandaleux ;
Des Lucrèces du temps, là, de ces filles veuves,
Qui veulent imposer et se donner pour neuves ;
De vieux seigneurs toujours prêts à vous cajoler ;   975
Des plaisants qui font rire avant que de parler.
Plus agréablement peut-on passer la vie ?

Hector.

D'accord. Mais quand on perd, tout cela vous ennuie.

Valère.

Le jeu rassemble tout : il unit à la fois
Le turbulent marquis, le paisible bourgeois.   980
La femme du banquier, dorée et triomphante,
Coupe orgueilleusement la duchesse indigente.
Là, sans distinction, on voit aller de pair
Le laquais d'un commis avec un duc et pair ;
Et quoi qu'un sort jaloux nous ait fait d'injustices,   985
De sa naissance ainsi l'on venge les caprices.

Hector.

À ce qu'on peut juger de ce discours charmant,
Vous voilà donc en grâce avec l'argent comptant.
Tant mieux. Pour se conduire en bonne politique,
Il faudrait retirer le portrait d'Angélique.   990

Valère.

Nous verrons.

Hector.

          Vous savez . . .

Valère.

                    Je dois jouer tantôt.

Hector.

Tirez-en mille écus.

Valère.

          Oh ! non, c'est un dépôt . . .

Hector.

Pour mettre quelque chose à l'abri des orages,
S'il vous plaisait du moins de me payer mes gages.

Valère.

Quoi! je te dois?

Hector.

Depuis que je suis avec vous, 995
Je n'ai pas, en cinq ans, encor reçu cinq sous.

Valère.

Mon père te paira; l'article est au mémoire.

Hector.

Votre père? Ah, monsieur, c'est une mer à boire.
Son argent n'a point cours, quoiqu'il soit bien de poids.

Valère.

Va, j'examinerai ton compte une autre fois. 1000
J'entends venir quelqu'un.

Hector.

Je vois votre sellière.

Elle a flairé l'argent.

Valère
(*mettant promptement son argent dans sa poche*).
Il faut nous en défaire.

Hector.

Et monsieur Galonier, votre honnête tailleur.

Valère.

Quel contre-temps!

SCÈNE VII.

Mme. ADAM, M. GALONIER, VALÈRE, HECTOR.

Valère.

Je suis votre humble serviteur.
Bonjour, madame Adam. Quelle joie est la mienne! 1005
Vous voir! c'est du plus loin, parbleu, qu'il me souvienne.

Madame Adam.

Je viens pourtant ici souvent faire ma cour;
Mais vous jouez la nuit, et vous dormez le jour.

Valère.

C'est pour cette calèche à velours à ramage?

Madame Adam.

Oui, s'il vous plaît.

Valère.

Je suis fort content de l'ouvrage: 1010
(*Bas à Hector.*)
Il faut vous la payer ... Songe par quel moyen
Tu pourras me tirer de ce triste entretien.
(*Haut.*)
Vous, monsieur Galonier, quel sujet vous amène?

M. Galonier.

Je viens vous demander ...

Hector

(*à M. Galonier*).   Vous prenez trop de peine.

M. Galonier

(*à Valère*).

Vous ...

Hector

(*à M. Galonier*).

Vous faites toujours mes habits trop étroits. 1015

M. Galonier

(*à Valère*).

Si ...

Hector

(*à M. Galonier*).

Ma culotte s'use en deux ou trois endroits.

M. Galonier

(*à Valère*).

Je ...

Hector

(*à M. Galonier*).

Vous cousez si mal ...

Madame Adam.

Nous marions ma fille.

Valère.

Quoi! vous la mariez? Elle est vive et gentille;
Et son époux futur doit en être content.

Madame Adam.

Nous aurions grand besoin d'un peu d'argent comptant.

Valère.

Je veux, madame Adam, mourir à votre vue,　　1021
Si j'ai ...

Madame Adam.

　　Depuis longtemps cette somme m'est due.

Valère.

Que je sois en maraud déshonoré cent fois,
Si l'on m'a vu toucher un sou depuis six mois!

Hector.

Oui, nous avons tous deux, par piété profonde,　　1025
Fait vœu de pauvreté: nous renonçons au monde.

.　.　.　.　.　.　.　.　.　.　.

Valère.

Demandez ...

Hector.

　　S'il avait quelques deniers comptants,　1035
Ne me paîrait-il pas mes gages de cinq ans?
Votre dette n'est pas meilleure que la mienne.

Madame Adam.

Mais quand faudra-il donc, monsieur, que je revienne?

Valère.

Mais ... quand il vous plaira ... Dès demain; que sait-on?

Hector.

Je vous avertirai quand il y fera bon.　　1040

M. Galonier.

Pour moi, je ne sors point d'ici qu'on ne m'en chasse.

Hector
(*à part*).

Non, je ne vis jamais d'animal si tenace.

Valère.

Écoutez, je vous dis un secret qui, je croi,
Vous plaira dans la suite autant et plus qu'à moi;
Je vais me marier tout à fait; et mon père   1045
Avec mes créanciers doit me tirer d'affaire.

Hector.

Pour le coup . . .

Madame Adam.

Il me faut de l'argent cependant.

Hector.

Cette raison vaut mieux que de l'argent comptant.
Montrez-nous les talons.

M. Galonier.

Monsieur, ce mariage
Se fera-t-il bientôt?

Hector.

Tout au plus tôt. J'enrage.   1050

Madame Adam.

Sera-ce dans ce jour?

Hector.

Nous l'espérons. Adieu.
Sortez. Nous attendons la future en ce lieu:
Si l'on vous trouve ici, vous gâterez l'affaire.

Madame Adam.

Vous me promettez donc . . .

Hector.

Allez, laissez-moi faire.

Madame Adam et M. Galonier
(*ensemble*).

Mais, monsieur . . .

Hector
(*les mettant dehors*).

Que de bruit! Oh! parbleu, détalez.

SCÈNE VIII.

VALÈRE, HECTOR.

Hector to level

(*riant*).
Voilà des créanciers assez bien régalés.   1056
Vous devriez pourtant, en fonds comme vous êtes ...

Valère.
Rien ne porte malheur comme payer ses dettes.

Hector.   level til
Ah! je ne dois donc plus m'étonner désormais
Si tant d'honnêtes gens ne les payent jamais.   1060

SCÈNE IX.

LE MARQUIS, VALÈRE, HECTOR,
trois laquais.

Hector.
Mais voici le marquis, ce héros de tendresse.

Valère.
C'est là le soupirant?

Hector.
Oui, de notre comtesse.

Le Marquis
(*vers la coulisse*).
Que ma chaise se tienne à deux cents pas d'ici.
Et vous, mes trois laquais, éloignez-vous aussi;
Je suis *incognito*.   (*Les laquais sortent.*)

SCÈNE X.

LE MARQUIS, VALÈRE, HECTOR.

Hector
(*à Valère*).
Que prétend-il donc faire ? 1065

Le Marquis
(*à Valère*).
N'est-ce pas vous, monsieur, qui vous nommez Valère ?

Valère.
Oui, monsieur ; c'est ainsi qu'on m'a toujours nommé.

Le Marquis.
Jusques au fond du cœur j'en suis, parbleu, charmé.
Faites que ce valet à l'écart se retire.

Valère
(*à Hector*).
Va-t'en.

Hector.
Monsieur ...

Valère.
Va-t'en : faut-il te le redire ? 1070

SCÈNE XI.

LE MARQUIS, VALÈRE.

Le Marquis.
Savez-vous qui je suis ?
Valère.
Je n'ai pas cet honneur.

Le Marquis
(*à part*).
Courage ; allons, marquis, montre de la vigueur :
Il craint. (*Haut.*) Je suis pourtant fort connu dans la ville,
Et si vous l'ignorez, sachez que je faufile

Avec ducs, archiducs, princes, seigneurs, marquis,　　　1075
Et tout ce que la cour offre de plus exquis ;
Petits-maîtres de robe à courte et longue queue,
J'évente les beautés et leur plais d'une lieue.
Je m'érige aux repas en maître architriclin ;
Je suis le chansonnier et l'âme du festin.　　　　　1080
Je suis parfait en tout.　Ma valeur est connue ;
Je ne me bats jamais qu'aussitôt je ne tue :
De cent jolis combats je me suis démêlé ;
J'ai la botte trompeuse et le jeu très-brouillé.
Mes aïeux sont connus ; ma race est ancienne ;　　　1085
Mon trisaïeul était vice-bailli du Maine.
J'ai le vol du chapon ; ainsi, dès le berceau,
Vous voyez que je suis gentilhomme Manceau.

Valère.

On le voit à votre air.

Le Marquis.

J'ai sur certaine femme,

Jeté, sans y songer, quelque amoureuse flamme.　　　1090
J'ai trouvé la matière assez sèche de soi ;
Mais la belle est tombée amoureuse de moi.
Vous le croyez sans peine : on est fait d'un modèle
À prétendre hypothèque, à fort bon droit, sur elle ;
Et vouloir faire obstacle à de telles amours,　　　1095
C'est prétendre arrêter un torrent dans son cours.

Valère.

Je ne crois pas, monsieur, qu'on fût si téméraire.

Le Marquis.

On m'assure pourtant que vous le voulez faire.

Valère.

Moi ?

Le Marquis.

Que, sans respecter ni rang, ni qualité,

Vous nourrissez dans l'âme une velléité　　　　　1100
De me barrer son cœur.

Valère.

C'est pure médisance ;

Je sais ce qu'entre nous le sort mit de distance.

Le Marquis
(*bas*).

Il tremble. (*Haut.*) Savez-vous, monsieur du lansquenet,
Que j'ai de quoi rabattre ici votre caquet ?

Valère.

Je le sais.

Le Marquis.

Vous croyez, en votre humeur caustique,   1105
En agir avec moi comme avec l'as de pique.

Valère.

Moi, monsieur ?

Le Marquis
(*bas*).   Il me craint. (*Haut.*) Vous faites le plongeon,
Petit noble à nasarde, enté sur sauvageon.

(*Valère enfonce son chapeau.*)

(*Bas.*)   (*Haut.*)
Je crois qu'il a du cœur.   Je retiens ma colère !
Mais . . .

Valère
(*mettant la main sur son épée*).

Vous le voulez donc ? Il faut vous satisfaire. 1110

Le Marquis.

Bon ! bon ! je ris.

Valère.

Vos ris ne sont point de mon goût,
Et vos airs insolents ne plaisent point du tout.
Vous êtes un faquin.

Le Marquis.
Cela vous plaît à dire.

Valère.

Un fat, un malheureux.

Le Marquis.

Monsieur, vous voulez rire.

Valère
(*mettant l'épée à la main*).

Il faut voir sur-le-champ si les vice-baillis   1115
Sont si francs du collier que vous l'avez promis.

Le Marquis.

Mais faut-il nous brouiller pour un sot point de gloire?

Valère.

Oh! le vin est tiré, monsieur; il le faut boire.

Le Marquis
(*criant*).

Ah! ah! je suis blessé.

SCÈNE XII.

LE MARQUIS, VALÈRE, HECTOR.

Hector
(*accourant*).   Quels desseins emportés ...

Le Marquis
(*mettant l'épée à la main*).

Ah! c'est trop endurer.

Hector
(*au Marquis*).   Ah! monsieur, arrêtez.   1120

Le Marquis
(*à Hector*).

Laissez-moi donc.

Hector
(*au Marquis*). Tout beau!

Valère
(*à Hector*).   Cesse de le contraindre:
Va, c'est un malheureux qui n'est pas bien à craindre.

Hector
(*au Marquis*).

Quel sujet ...?

Le Marquis
(*fièrement à Hector.*)
     Votre maître a certains petits airs ...

(*Valère s'approche du Marquis. Le Marquis, effrayé, dit
doucement.*)

Et prend mal à propos les choses de travers.

On vient civilement pour s'éclaircir d'un doute,   1125

Et monsieur prend la chèvre; il met tout en déroute,
Fait le petit mutin. Oh! cela n'est pas bien.

Hector
(*au Marquis*).
Mais, encor, quel sujet ...?

Le Marquis
(*à Hector*).   Quel sujet? Moins que rien.
L'amour de la comtesse auprès de lui m'appelle ...

Hector
(*au Marquis*).
Ah! diable, c'est avoir une vieille querelle.   1130
Quoi! vous osez, monsieur, d'un cœur ambitieux,
Sur notre patrimoine ainsi jeter les yeux!
Attaquer la comtesse, et nous le dire encore!

Le Marquis
(*à Hector*).
Bon! je ne l'aime pas; c'est elle qui m'adore.

Valère
(*au Marquis*).
Oh! vous pouvez l'aimer autant qu'il vous plaira.   1135
C'est un bien que jamais on ne vous envîra:
Vous êtes en effet un amant digne d'elle.
Je vous cède les droits que j'ai sur cette belle.

Hector.
Oui, les droits sur le cœur; mais sur la bourse, non.

Le Marquis
(*à part, mettant son épée dans le fourreau*).
Je le savais bien, moi, que j'en aurais raison;   1140
Et voilà comme il faut se tirer d'une affaire.

Hector
(*au Marquis*).
N'auriez-vous point besoin d'un peu d'eau vulnéraire?

Le Marquis
(*à Valère*).
Je suis ravi de voir que vous ayez du cœur,
Et que le tout se soit passé dans la douceur.

Serviteur. Vous et moi, nous en valons deux autres. 1145
Je suis de vos amis.

Valère.

Je ne suis pas des vôtres.

SCÈNE XIII.

VALÈRE, HECTOR.

Valère.

Voilà donc ce marquis, cet homme dangereux?

Hector.

Oui, monsieur, le voilà.

Valère.

C'est un grand malheureux.

Je crains que mes joueurs ne soient sortis du gîte;
Ils ont trop attendu; j'y retourne au plus vite. 1150
J'ai dans le cœur, Hector, un bon pressentiment;
Et je dois aujourd'hui gagner, assurément.

Hector.

Votre cœur est, monsieur, toujours insatiable.
Ces inspirations viennent souvent du diable;
Je vous en avertis, c'est un futé matois. 1155

Valère.

Elles m'ont réussi déjà plus d'une fois.

Hector.

Tant va la cruche à l'eau...

Valère.

Paix! Tu veux contredire:

À mon âge, crois-tu m'apprendre à me conduire?

Hector.

Vous ne me parlez point, monsieur, de votre amour.

Valère.

Non.

SCÈNE XIV.

HECTOR

(*seul.*) Il m'en parlera peut-être à son retour. 1160

ACTE IV.

SCÈNE PREMIÈRE.

ANGÉLIQUE, NÉRINE.

Nérine.

En vain vous m'opposez une indigne tendresse,
Je n'ai vu de mes jours avoir tant de mollesse.
Je ne puis sur ce point m'accorder avec vous.
Valère n'est point fait pour être votre époux;
Il ressent pour le jeu des fureurs non pareilles, 1165
Et cet homme perdra quelque jour ses oreilles.

Angélique.

Le temps le guérira de cet aveuglement.

Nérine.

Le temps augmente encore un tel attachement.

Angélique.

Ne combats plus, Nérine, une ardeur qui m'enchante:
Tu prendrais pour l'éteindre une peine impuissante. 1170
Il est des nœuds formés sous des astres malins,
Qu'on chérit malgré soi. Je cède à mes destins.
La raison, les conseils ne peuvent m'en distraire:
Je vois le bon parti, mais je prends le contraire.

Nérine.

Eh bien! madame, soit; contentez votre ardeur, 1175
J'y consens. Acceptez pour époux un joueur,
Qui, pour porter au jeu son tribut volontaire,
Vous laissera manquer même du nécessaire,
Toujours triste ou fougueux, pestant contre le jeu,
Ou d'avoir perdu trop, ou bien gagné trop peu. 1180

Quel charme qu'un époux qui, flattant sa manie,
Fait vingt mauvais marchés tous les jours de sa vie ;
Prend pour argent comptant, d'un usurier fripon,
Des singes, des pavés, un chantier, du charbon ;
Qu'on voit à chaque instant prêt à faire querelle 1185
Aux bijoux de sa femme, ou bien à sa vaisselle ;
Qui va, revient, retourne, et s'use à voyager
Chez l'usurier, bien plus qu'à donner à manger.
Quand, après quelque temps, d'intérêts surchargée,
Il la laisse où d'abord elle fut engagée, 1190
Et prend, pour remplacer ses meubles écartés,
Des diamants du Temple et des plats argentés ;
Tant que, dans sa fureur n'ayant plus rien à vendre,
Empruntant tous les jours, et ne pouvant plus rendre,
Sa femme signe enfin, et voit, en moins d'un an, 1195
Ses terres en décret, et son lit à l'encan !

Angélique.

Je ne veux point ici m'affliger par avance ;
L'événement souvent confond la prévoyance.
Il quittera le jeu.

Nérine.

   Quiconque aime, aimera ;
Et quiconque a joué, toujours joue, et jouera. 1200
Certain docteur l'a dit, ce n'est point menterie.
Et, si vous le voulez, contre vous je parie
Tout ce que je possède, et mes gages d'un an,
Qu'à l'heure que je parle il est dans un brelan.

SCÈNE II.

ANGÉLIQUE, NÉRINE, HECTOR.

Nérine.

Nous le saurons d'Hector, qu'ici je vois paraître. 1205

Angélique

(*à Hector*).

Te voilà bien soufflant. En quels lieux est ton maître ?

F 2

Hector

(*embarrassé*).

En quelque lieu qu'il soit, je réponds de son cœur;
Il sent toujours pour vous la plus sincère ardeur.

Nérine.

Ce n'est point là, maraud, ce que l'on te demande.

Hector

(*voulant s'échapper*).

Maraud! Je vois qu'ici je suis de contrebande.   1210

Nérine.

Non, demeure un moment.

Hector.

                    Le temps me presse. Adieu.

Nérine.

Tout doux! N'est-il pas vrai qu'il est en quelque lieu
Où, courant le hasard...

Hector.

                    Parlez mieux, je vous prie.
Mon maître n'a hanté de tels lieux de sa vie.

Angélique

(*à Hector*).

Tiens, voilà dix louis. Ne me mens pas; dis-moi   1215
S'il n'est pas vrai qu'il joue à présent.

Hector.

                              Oh! ma foi,
Il est bien revenu de cette folle rage,
Et n'aura pas de goût pour le jeu davantage.

Angélique.

Avec tes faux soupçons, Nérine, eh bien! tu vois.

Hector.

Il s'en donne aujourd'hui pour la dernière fois.   1220

Angélique.

Il jouerait donc?

Hector.

              Il joue, à dire vrai, madame;
Mais ce n'est proprement que par noblesse d'âme.

On voit qu'il se défait de son argent exprès,
Pour n'être plus touché que de vos seuls attraits.

Nérine

(*à Angélique*).
Eh bien! ai-je raison?

Hector.

Son mauvais sort, vous dis-je, 1225
Mieux que tous vos discours aujourd'hui le corrige.

Angélique.

Quoi!...

Hector.

/ N'admirez-vous pas cette fidélité?
Perdre exprès son argent pour n'être plus tenté!
Il sait que l'homme est faible, il se met en défense.
Pour moi, je suis charmé de ce trait de prudence. / 1230

Angélique.

Quoi! ton maître jouerait, au mépris d'un serment?

Hector.

C'est la dernière fois, madame, absolument.
On peut le voir encor sur le champ de bataille;
Il frappe à droite, à gauche, et d'estoc et de taille;
Il se défend, madame, encor comme un lion. 1235
Je l'ai vu, dans l'effort de la convulsion,
Maudissant les hasards d'un combat trop funeste:
De sa bourse expirante il ramassait le reste;
Et, paraissant encor plus grand dans son malheur,
Il vendait cher son sang et sa vie au vainqueur. 1240

Nérine.

Pourquoi l'as-tu quitté dans cette décadence?

Hector.

Comme un aide de camp, je viens en diligence
Appeler du secours: il faut faire approcher
Notre corps de réserve, et je m'en vais chercher
Deux cents louis qu'il a laissés dans sa cassette. 1245

Nérine.

Eh bien! madame, eh bien! êtes-vous satisfaite?

Hector.

Les partis sont aux mains : à deux pas on se bat,
Et les moments sont chers en ce jour de combat.
Nous allons nous servir de nos armes dernières,
Et des troupes qu'au jeu l'on nomme auxiliaires.   1250

SCÈNE III.

ANGÉLIQUE, NÉRINE.

Nérine.

Vous l'entendez, madame ! Après cette action,
Pour Valère armez-vous de belle passion.
Cédez à votre étoile ; épousez-le. J'enrage
Lorsque j'entends tenir ce discours à votre âge.
Mais Dorante qui vient...

Angélique.

Ah ! sortons de ces lieux.
Je ne puis me résoudre à paraître à ses yeux.   1256

SCÈNE IV.

DORANTE, ANGELIQUE, NÉRINE.

Dorante
(*à Angélique qui sort*).
Hé quoi ! vous me fuyez ? Daignez au moins m'apprendre...

SCÈNE V.

DORANTE, NÉRINE.

Dorante.

Et toi, Nérine, aussi tu ne veux pas m'entendre ?
Veux-tu de ta maîtresse imiter la rigueur ?

Nérine.

Non, monsieur ; je vous sers toujours avec vigueur.   1260
Laissez-moi faire.

SCÈNE VI.

DORANTE

(*seul*).　　　　Ô ciel, ce trait me désespère.
Je veux approfondir un si cruel mystère.
　　　　　　　　　　　　(*Il va pour sortir.*)

SCÈNE VII.

LA COMTESSE, DORANTE.

La Comtesse.
Où courez-vous, Dorante ?

　　　　　　　Dorante
(*à part*).　　　　Ô contre-temps fâcheux !
Cherchons à l'éviter.

　　　　　　La Comtesse.
　　　　　　Demeurez en ces lieux,
J'ai deux mots à vous dire ; et votre âme contente...
Mais non, retirez-vous ; un homme m'épouvante.　　1266
L'ombre d'un tête-à-tête, et dedans et dehors,
Me fait, même en été, frissonner tout le corps.

　　　　　　　Dorante
(*allant pour sortir*).
J'obéis...

　　　　　　La Comtesse.
　　　　Revenez. Quelque espoir qui vous guide,
Le respect à l'amour saura servir de bride,　　1270
N'est-il pas vrai ?

　　　　　　Dorante.
　　　Madame...

　　　　　　La Comtesse.
　　　　　　En ce temps, les amants
Près du sexe d'abord sont si gesticulants...
Quoiqu'on soit vertueuse, il faut telle paraître ;
Et cela quelquefois coûte bien plus qu'à l'être.

Dorante.

Madame . . .

La Comtesse.

En vérité, j'ai le cœur douloureux   1275
Qu'Angélique si mal reconnaisse vos feux :
Et si je n'avais pas une vertu sévère,
Qui me fait renfermer dans un veuvage austère,
Je pourrais bien . . . Mais non, je ne puis vous ouïr :
Si vous continuez, je vais m'évanouir. *j'ai.*   1280

Dorante.

Madame . . .

La Comtesse.

        Vos discours, votre air soumis et tendre,
Ne feront que m'aigrir, au lieu de me surprendre.
Bannissons la tendresse ; il faut la supprimer.
Je ne puis, en un mot, me résoudre d'aimer.

Dorante.

Madame, en vérité, je n'en ai nulle envie,   1285
Et veux bien avec vous n'en parler de ma vie.

La Comtesse.

Voilà, je vous l'avoue, un fort sot compliment.
Me trouvez-vous, monsieur, femme à manquer d'amant ?
J'ai mille adorateurs qui briguent ma conquête ;
Et leur encens trop fort me fait mal à la tête.   1290
Ah ! vous le prenez là sur un fort joli ton.
En vérité !

Dorante.

        Madame . . .

La Comtesse.

        Et je vous trouve bon !

Dorante.

Le respect . . .

La Comtesse.

        Le respect est là mal en sa place ;
Et l'on ne me dit point pareille chose en face.
Si tous mes soupirants pouvaient me négliger,   1295
Je ne vous prendrais pas pour m'en dédommager.
Du respect ! du respect ! Ah ! le plaisant visage !

Dorante.

J'ai cru que vous pouviez l'inspirer à votre âge.
Mais monsieur le marquis, qui paraît en ces lieux,
Ne sera pas peut-être aussi respectueux.   1300

SCÈNE VIII.

LA COMTESSE

(seul).

Je suis au désespoir : je n'ai vu de ma vie
Tant de relâchement dans la galanterie.
Le marquis vient : il faut m'assurer un parti ;
Et je ne prétends pas avoir le démenti.

SCÈNE IX.

LE MARQUIS, LA COMTESSE.

Le Marquis.

À mon bonheur enfin, madame, tout conspire :   1305
Vous êtes tout à moi.

La Comtesse.

      Que voulez-vous donc dire,

Marquis ?

Le Marquis.

      Que mon amour n'a plus de concurrent ;
Que je suis et serai votre seul conquérant ;
Que si vous ne battez au plus tôt la chamade,
Il faudra vous résoudre à souffrir l'escalade.   1310

La Comtesse.

Moi ! que l'on m'escalade ?

Le Marquis.

      Entre nous, sans façon,
À Valère de près j'ai serré le bouton :
Il m'a cédé les droits qu'il avait sur votre âme.

La Comtesse.

Hé! le petit poltron!

Le Marquis.

　　　　Oh! palsambleu, madame,

Il serait un Achille, un Pompée, un César,　　　　　　1315
Je vous le conduirais poings liés à mon char.
Il ne faut point avoir de mollesse en sa vie.
Je suis vert.

La Comtesse.

　　　　Dans le fond, j'en ai l'âme ravie;
Vous ne connaissez pas, marquis, tout votre mal:
Vous avez à combattre encor plus d'un rival.　　　　　1320

Le Marquis.

Le don de votre cœur couvre un peu trop de gloire,
Pour n'être que le prix d'une seule victoire,
Vous n'avez qu'à nommer ...

La Comtesse.

　　　　　　　　Non, non, je ne veux pas
Vous exposer sans cesse à de nouveaux combats.

Le Marquis.

Est-ce ce financier de noblesse mineure,　　　　　　1325
Qui s'est fait depuis peu gentilhomme en une heure;
Qui bâtit un palais sur lequel on a mis,
Dans un grand marbre noir, en or, l'hôtel Damis;
Lui qui voyait jadis imprimé sur sa porte:
Bureau du pied-fourché, chair salée, et chair morte;　1330
Qui dans mille portraits expose ses aïeux,
Son père, son grand-père, et les place en tous lieux,
En sa maison de ville, en celle de campagne,
Les fait venir tout droit des comtes de Champagne,
Et de Poitou, d'autant que, pour certain,　　　　　　1335
L'un s'appelait Champagne et l'autre Poitevin?

La Comtesse.

À vos transports jaloux un autre se dérobe.

Le Marquis.

C'est donc ce sénateur, cet Adonis de robe,

Ce docteur en soupers, qui se tait au palais,
Et sait sur des ragoûts prononcer des arrêts ; 1340
Qui juge sans appel, sur un vin de Champagne,
S'il est de Reims, du Clos, ou bien de la Montagne ;
Qui, de livres de droit toujours débarrassé.
Porte cuisine en poche, et poivre concassé.

La Comtesse.

Non, marquis, c'est Dorante ; et j'ai su m'en défaire. 1345

Le Marquis.

Quoi ! Dorante ! cet homme à maintien débonnaire,
Ce croquant qu'à l'instant je viens de voir sortir ?

La Comtesse.

C'est lui-même.

Le Marquis.

      Eh ! parbleu, vous deviez m'avertir ;
Nous nous serions parlé sans sortir de la salle.
Je ne suis pas méchant : mais, sans bruit, sans scandale,
Sans lui donner le temps seulement de crier, 1351
Pour lui votre fenêtre eût servi d'escalier.

La Comtesse.

Vous êtes turbulent. Si vous étiez plus sage,
On pourrait . . .

Le Marquis.

    La sagesse est tout mon apanage.

La Comtesse.

Quoiqu'un engagement m'ait toujours fait horreur, 1355
On aurait avec vous quelque affaire de cœur.

   .   .   .   .

Je prétends que l'hymen soit le but de l'affaire, 1365
Et ne donne mon cœur que par-devant notaire.
Je veux un bon contrat sur de bon parchemin,
Et non pas un hymen qu'on rompt le lendemain.

Le Marquis.

Vous aimez chastement, je vous en félicite,
Et je me donne à vous avec tout mon mérite, 1370
Quoique cent fois le jour on me mette à la main
Des partis à fixer un empereur Romain.

La Comtesse.

Je crois que nos deux cœurs seront toujours fidèles.

Le Marquis.

Oh! parbleu, nous vivrons comme deux tourterelles.
Pour vous porter, madame, un cœur tout dégagé,   1375
Je vais dans ce moment signifier congé
À des beautés sans nombre à qui mon cœur renonce;
Et vous aurez dans peu ma dernière réponse.

La Comtesse.

Adieu. Fasse le ciel, marquis, que dans ce jour
Un hymen soit le sceau d'un si parfait amour!   1380

SCÈNE X.

LE MARQUIS

(*seul*).

Eh bien! marquis, tu vois, tout rit à ton mérite;
Le rang, le cœur, le bien, tout pour toi sollicite:
Tu dois être content de toi par tout pays:
On le serait à moins. Allons, saute, marquis!
Quel bonheur est le tien! Le ciel, à ta naissance,   1385
Répandit sur tes jours sa plus douce influence;
Tu fus, je crois, pétri par les mains de l'Amour.
N'es-tu pas fait à peindre? Est-il homme à la cour
Qui de la tête aux pieds porte meilleure mine,
Une jambe mieux faite, une taille plus fine?   1390
Et pour l'esprit, parbleu, tu l'as des plus exquis:
Que te manque-t-il donc? Allons, saute, marquis!
La nature, le ciel, l'amour et la fortune
De tes prospérités font leur cause commune;
Tu soutiens ta valeur avec mille hauts faits;   1395
Tu chantes, danses, ris, mieux qu'on ne fit jamais;
Les yeux à fleur de tête, et les dents assez belles.
Jamais en ton chemin trouvas-tu de cruelles?
Près du sexe tu vins, tu vis, et tu vainquis;
Que ton sort est heureux! Allons, saute, marquis!   1400

SCÈNE XI.

LE MARQUIS, HECTOR.

Hector.

Attendez un moment. Quelle ardeur vous transporte ?
Hé quoi ! monsieur, tout seul vous sautez de la sorte ?

Le Marquis.

C'est un pas de ballet que je veux repasser.

Hector.

Mon maître, qui me suit, vous le fera danser,
Monsieur, si vous voulez.

Le Marquis.

Que dis-tu là ? ton maître ? 1405

Hector.

Oui, monsieur, à l'instant vous l'allez voir paraître.

Le Marquis.

En ces lieux je ne puis plus longtemps m'arrêter ;
Pour cause, nous devons tous deux nous éviter.
Quand ma verve me prend, je ne suis plus traitable ;
Il est brutal, je suis emporté comme un diable ; 1410
Il manque de respect pour les vice-baillis,
Et nous aurions du bruit. Allons, saute, marquis !

SCÈNE XII.

HECTOR

(*seul*).

Allons, saute, marquis ! Un tour de cette sorte
Est volé d'un Gascon, ou le diable m'emporte :
Il vient de la Garonne. Oh ! parbleu, dans ce temps 1415
Je n'aurais jamais cru les marquis si prudents.
Je ris : et cependant mon maître à l'agonie
Cède en un lansquenet à son mauvais génie.

SCÈNE XIII.

VALÈRE, HECTOR.

Hector.

Le voici. Ses malheurs sur son front sont écrits:
Il a tout le visage et l'air d'un premier pris.   1420

Valère.

Non, l'enfer en courroux et toutes ses furies
N'ont jamais exercé de telles barbaries.
Je te loue, ô destin, de tes coups redoublés!
Je n'ai plus rien à perdre, et tes vœux sont comblés.
Pour assouvir encor la fureur qui t'anime,   1425
Tu ne peux rien sur moi: cherche une autre victime.

Hector
(*à part*).

Il est sec.

Valère.

De serpents mon cœur est dévoré;
Tout semble en ce moment contre moi conjuré.

(*Il prend Hector à la cravate.*)

Parle. As-tu jamais vu le sort et son caprice
Accabler un mortel avec plus d'injustice,   1430
Le mieux assassiner? Perdre tous les partis,
Vingt fois le coupe-gorge, et toujours premier pris!
Réponds-moi donc, bourreau.

Hector.

Mais ce n'est pas ma faute.

Valère.

As-tu vu de tes jours trahison aussi haute?
Sort cruel, ta malice a bien su triompher;   1435
Et tu ne me flattais que pour mieux m'étouffer.
Dans l'état où je suis, je puis tout entreprendre;
Confus, désespéré, je suis prêt à me pendre.

Hector.

Heureusement pour vous, vous n'avez pas un sou
Dont vous puissiez, monsieur, acheter un licou.   1440
Voudriez-vous souper?

Valère.

Que la foudre t'écrase!
Ah! charmante Angélique, en l'ardeur qui m'embrase,
À vos seules bontés je veux avoir recours!
Je n'aimerai que vous, m'aimeriez-vous toujours?
'Mon cœur, dans les transports de sa fureur extrême, 1445
N'est point si malheureux, puisqu'enfin il vous aime.

Hector
(*à part*).

Notre bourse est à fond; et, par un sort nouveau,
Notre amour recommence à revenir sur l'eau.

Valère.

Calmons le désespoir où la fureur me livre.
Approche ce fauteuil.   (*Hector approche un fauteuil.*)

Valère
(*assis*).   Va me chercher un livre.   1450

Hector.

Quel livre voulez-vous lire en votre chagrin?

Valère.

Celui qui te viendra le premier sous la main;
Il m'importe peu: prends dans ma bibliothèque.

Hector
(*sort et rentre tenant un livre*).

Voilà Sénèque.

Valère.
          Lis.

Hector.
          Que je lise Sénèque.

Valère.

Oui. Ne sais-tu pas lire?

Hector.
          Eh! vous n'y pensez pas;   1455
Je n'ai lu de mes jours que dans des almanachs.

Valère.

Ouvre, et lis au hasard.

Hector.
          Je vais le mettre en pièces.

Valère.

Lis donc.

Hector

(*lit*). 'Chapitre six. Du mépris des richesses.
La fortune offre aux yeux des brillants mensongers ;
Tous les biens d'ici-bas sont faux et passagers ;   1460
Leur possession trouble, et leur perte est légère ;
Le sage gagne assez quand il peut s'en défaire.'
Lorsque Sénèque fit ce chapitre éloquent,
Il avait comme vous perdu tout son argent.

Valère

(*se levant*).

Vingt fois le premier pris ! Dans mon cœur il s'élève 1465
    (*Il s'assied.*)
Des mouvements de rage. Allons, poursuis, achève.

Hector.

'L'or est comme une femme ; on n'y saurait toucher,
Que le cœur, par amour, ne s'y laisse attacher ;
L'un et l'autre en ce temps, sitôt qu'on les manie,
Sont deux grands rémoras pour la philosophie.'   1470
N'ayant plus de maîtresse et n'ayant pas un sou,
Nous philosopherons maintenant tout le soûl.

Valère.

De mon sort désormais vous serez seule arbitre,
Adorable Angélique . . . Achève ton chapitre.

Hector.

'Que faut-il . . .'

Valère.

            Je bénis le sort et ses revers,   1475
Puisqu'un heureux malheur me rengage en vos fers.
Finis donc.

Hector.

        'Que faut-il à la nature humaine ?
Moins on a de richesse, et moins on a de peine.
C'est posséder les biens que savoir s'en passer.'
Que ce mot est bien dit ! et que c'est bien penser ! 1480
Ce Sénèque, monsieur, est un excellent homme.
Était-il de Paris ?

Valère.

Non, il était de Rome.
Dix fois à carte triple être pris le premier!

Hector.

Ah! monsieur, nous mourrons un jour sur un fumier.

Valère.

Il faut que de mes maux enfin je me délivre: 1485
J'ai cent moyens tout près pour m'empêcher de vivre.
La rivière, le feu, le poison et le fer.

Hector.

Si vous vouliez, monsieur, chanter un petit air?
Votre maître à chanter est ici: la musique
Peut-être calmerait cette humeur frénétique.   1490

Valère.

Que je chante!

Hector.

Monsieur ...

Valère.

Que je chante, bourreau!
Je veux me poignarder; la vie est un fardeau
Qui pour moi désormais devient insupportable.

Hector.

Vous la trouviez pourtant tantôt bien agréable.
'Qu'un joueur est heureux! sa poche est un trésor;   1495
Sous ses heureuses mains le cuivre devient or ...'
Disiez-vous.

Valère.

Ah! je sens redoubler ma colère.

Hector.

Monsieur, contraignez-vous, j'aperçois votre père.

SCÈNE XIV.

GERONTE, VALÈRE, HECTOR.

Géronte.

Pour quel sujet, mon fils, criez-vous donc si fort ?
   (*À Hector.*)
Est-ce toi, malheureux, qui causes ce transport ?   1500

Valère.

Non pas, monsieur.

Hector

   (*à Géronte*).   Ce sont des vapeurs de morale
Qui nous vont à la tête, et que Sénèque exhale.

Géronte.

Qu'est-ce à dire, Sénèque ?

Hector.

        Oui, monsieur : maintenant
Que nous ne jouons plus, notre unique ascendant
C'est la philosophie, et voilà notre livre ;   1505
C'est Sénèque.

Géronte.

    Tant mieux : il apprend à bien vivre.
Son livre est admirable et plein d'instructions,
Et rend l'homme brutal maître des passions.

Hector.

Ah ! si vous aviez lu son traité des richesses,
Et le mépris qu'on doit faire de ses maîtresses ;   1510
Comme la femme ici n'est qu'un vrai rémora,
Et que lorsqu'on y touche ... on en demeure là ...
Qu'on gagne quand on perd ... que l'amour dans nos âmes ...
Ah ! que ce livre-là connaissait bien les femmes !

Géronte.

Hector en peu de temps est devenu docteur.   1515

Hector.

Oui, monsieur, je saurai tout Sénèque par cœur.

Géronte

(*à Valère*).

Je vous cherche en ces lieux avec impatience,
Pour vous dire, mon fils, que votre hymen s'avance.
Je quitte le notaire, et j'ai vu les parents,
Qui, d'une et d'autre part, me paraissent contents.   1520
Vous avez vu, je crois, Angélique ? et j'espère
Que son consentement . . .

Valère.

       Non, pas encor, mon père.

Certaine affaire m'a . . .

Géronte.

       Vraiment pour un amant,
Vous faites voir, mon fils, bien peu d'empressement.
Courez-y ; dites-lui que ma joie est extrême ;   1525
Que, charmé de ce nœud, dans peu j'irai moi-même
Lui faire compliment et l'embrasser . . .

Hector

(*à Géronte*).   Tout doux !

Monsieur fera cela tout aussi bien que vous.

Valère

(*à Géronte*).

Pénétré des bontés de celui qui m'envoie,
Je vais de cet emploi m'acquitter avec joie.   1530

SCÈNE XV.

GÉRONTE, HECTOR.

Hector.

Il vous plaira toujours d'être mémoratif
D'un papier que tantôt, d'un air rébarbatif,
Et même avec scandale . . .

Géronte.

       Oui-dà ! laisse-moi faire.
Le mariage fait, nous verrons cette affaire.

Hector.

J'irai donc, sur ce pied, vous visiter demain.   1535

SCÈNE XVI.

GÉRONTE

(*seul*).

Grâces au ciel, mon fils est dans le bon chemin ;
Par mes soins paternels il 'surmonte la pente
Où l'entraînait du jeu la passion ardente,
Ah ! qu'un père est heureux, qui voit en un moment
Un cher fils revenir de son égarement !   1540

ACTE V.

SCÈNE PREMIÈRE.

DORANTE, ANGÉLIQUE, NÉRINE.

Dorante.

Hé ! madame, cessez d'éviter ma présence,
Je ne viens point armé contre votre inconstance,
Faire éclater ici mes sentiments jaloux,
Ni par des mots piquants exhaler mon courroux.
Plus que vous ne pensez, mon cœur vous justifie.   1545
Votre légèreté veut que je vous oublie :
Mais, loin de condamner votre cœur inconstant,
Je suis assez vengé si j'en puis faire autant.

Angélique.

Que votre emportement en reproches éclate ;
Je mérite les noms de volage, d'ingrate,   1550
Mais enfin de l'amour l'impérieuse loi
À l'hymen que je crains m'entraîne malgré moi :
J'en prévois les dangers, mais un sort tyrannique...

Dorante.

Votre cœur est hardi, généreux, héroïque :
Vous voyez devant vous un abîme s'ouvrir,   1555
Et vous ne laissez pas, madame, d'y courir.

Nérine.

Quand j'en devrais mourir, je ne puis plus me taire.
Je vous empêcherai de terminer l'affaire :
Ou si dans cet amour votre cœur engagé
Persiste en ses desseins, donnez-moi mon congé.　　1560
Je suis fille d'honneur ; je ne veux point qu'on dise
Que vous ayez sous moi fait pareille sottise.
Valère est un indigne ; et, malgré son serment,
Vous voyez tous les jours qu'il joue impunément.

Angélique.

En faveur de mon faible il faut lui faire grâce ;　　1565
De la fureur du jeu veux-tu qu'il se défasse,
Hélas ! quand je ne puis me défaire aujourd'hui
Du lâche attachement que mon cœur a pour lui ?

Dorante.

Ces feux sont trop charmants pour vouloir les éteindre.
Je ne suis point, madame, ici pour vous contraindre.　1570
Mon neveu vous épouse ; et je viens seulement
Donner à votre hymen un plein consentement.

SCÈNE II.

Mme. LA RESSOURCE, ANGÉLIQUE, DORANTE, NÉRINE.

Nérine.

Madame la Ressource ici ! Qu'y viens-tu faire ?

Madame la Ressource.

Je cherche un cavalier pour finir une affaire...
On tâche, autant qu'on peut, dans son petit trafic,　1575
À gagner ses dépens en servant le public.

Angélique.

Cette Nérine-là connaît toute la France.

Nérine.

Pour vivre il faut avoir plus d'une connaissance.
C'est une illustre au moins, et qui sait en secret
Couler adroitement un amoureux poulet;   1580
Habile en tous métiers, intrigante parfaite;
Qui prête, vend, revend, brocante, troque, achète,
Met à perfection un hymen embauché,
Vend son argent bien cher, marie à bon marché.

Madame la Ressource.

Votre bonté pour moi toujours se renouvelle: 1585
Vous avez si bon cœur ...

Nérine.

                         Il fait bon avec elle,
Je vous en avertis.   En bijoux et brillants,
En poche elle a toujours plus de vingt mille francs.

Dorante
(*à Madame la Ressource*).

Mais ne craignez-vous point qu'un soir, dans le silence ...

Nérine.

Bon, bon! tous les filous sont de sa connaissance.   1590

Madame la Ressource.

Nérine rit toujours.

Nérine
(*a Madame la Ressource*).

                    Montrez-nous votre écrin.

Madame la Ressource.

Volontiers.   J'ai toujours quelques bijoux en main.
Regardez ce brillant, je vais en faire affaire
Avec et par-devant un conseiller notaire.
Pour certaine chanteuse on dit qu'il en tient là.   1595

Nérine.

Le drôle veut passer quelque acte à l'Opéra.

SCÈNE III.

LA COMTESSE, ANGÉLIQUE, DORANTE,
NÉRINE, Mme. LA RESSOURCE.

Nérine.

Mais voici la comtesse.

Madame la Ressource.

On m'attend; je vous quitte.

Nérine.

Non, non; sur vos bijoux j'ai des droits de visite.

La Comtesse

(*à Angélique*).

Votre choix est-il fait? Pent-on enfin savoir
À qui vous prétendez vous marier ce soir? 1600

Angélique.

Oui, ma sœur, il est fait; et ce choix doit vous plaire,
Puisque avant moi pour vous vous avez su le faire.

La Comtesse.

Apparemment, monsieur est ce mortel heureux,
Ce fidèle aspirant dont vous comblez les vœux?

Dorante.

À ce bonheur charmant je n'ose pas prétendre. 1605
Si madame eût gardé son cœur pour le plus tendre,
Plus que tout autre amant j'aurais pu l'espérer.

La Comtesse.

La perte n'est pas grande, et se peut réparer.

SCÈNE IV.

LE MARQUIS, LA COMTESSE, ANGÉLIQUE,
DORANTE, Mme. LA RESSOURCE, NÉRINE.

Le Marquis

(*à la Comtesse*).

Charmé de vos beautés, je viens enfin, madame,
Ici mettre à vos pieds et mon corps et mon âme. 1610

Vous serez, par ma foi, marquise cette fois;
Et j'ai sur vous enfin laissé tomber mon choix.

Madame la Ressource

(*à part*).
Cet homme m'est connu.

La Comtesse.

Monsieur, je suis ravie
De m'unir avec vous le reste de ma vie.
Vous êtes gentilhomme, et cela me suffit.   1615

Le Marquis.

Je le suis du déluge.

Madame la Ressource

(*à part*).   Oui, c'est lui qui le dit.

Le Marquis.

.   .   .   .
Vous verrez si je mens. (*Apercevant Madame la Ressource.*)
Ah! vous voilà, madame!
(*À la Comtesse.*)
Et que faites-vous donc ici de cette femme?   1622

Nérine

(*au Marquis*).
Vous la connaissez?

Le Marquis.

Moi? je ne sais ce que c'est.

Madame La Ressource

(*àu Marquis*).
Ah! je vous connais trop, moi, pour mon intérêt.
Quand vous résoudrez-vous, monsieur le gentilhomme 1625
Fait du temps du déluge, à me payer ma somme,
Mes quatre cents écus prêtés depuis cinq ans?

Le Marquis.

Pour me les demander, vous prenez bien le temps.

Madame la Ressource.

Je veux, aux yeux de tous, vous en faire avanie,
À toute heure, en tous lieux.

Le Marquis
Hé! vous rêvez, ma mie.

Madame la Ressource.
Voici le grand merci d'obliger des ingrats: 1631
Après l'avoir tiré d'un aussi vilain pas . . .
Baste . . .

La Comtesse
(*à Madame la Ressource*).
Parlez, parlez.

Madame la Ressource.
Non, non; il est trop rude
D'aller de ses parents montrer la turpitude.

La Comtesse.
Comment donc?

Le Marquis
(*à part*).   Ah! je grille.

Madame la Ressource.
Au Châtelet, sans moi,
On le verrait encor vivre aux dépens du roi.   1636

Nérine.
Quoi! monsieur le marquis! . . .

Madame la Ressource.
Lui, marquis? c'est l'Épine.
Je suis marquise donc, moi qui suis sa cousine?
Son père était huissier à verge dans le Mans.

Le Marquis
(*à part*).
Vous en avez menti. Maugrebleu des parents!   1640

Madame la Ressource.
Mon oncle n'était pas huissier? Qu'il t'en souvienne.

Le Marquis.
Son nom était connu dans le haut et bas Maine.

Nérine.
Votre père était donc un marquis exploitant?

Angélique.
Vous aviez là, ma sœur, un fort illustre amant.

Madame la Ressource.

C'est moi qui l'ai nourri quatre mois, sans reproche,   1645
Quand il vint à Paris en guêtres par le coche.

Le Marquis.

D'accord, puisqu'on le sait, mon père était huissier,
Mais huissier à cheval; c'est comme chevalier.
Cela n'empêche pas que dans ce jour, madame,
Nous ne mettions à fin une si belle flamme;   1650
Jamais ce feu pour vous ne fut si violent;
Et jamais tant d'appas ...

La Comtesse.

Taisez-vous, insolent!

.   .   .   .

Le Marquis.

On reconnaît si mal le rang et le mérite!   1657
J'en suis, parbleu, ravi. Pour le coup, je vous quitte.
J'ai, pour briller ailleurs, mille talents acquis;
Je vais m'en consoler. Allons, saute, marquis.   (*Il sort.*)

SCÈNE V.

LA COMTESSE, ANGÉLIQUE, DORANTE, NÉRINE,
Mme. LA RESSOURCE.

La Comtesse.

Je n'y puis plus tenir, ma sœur, et je vous laisse,   1661
Avec qui vous voudrez finissez de tendresse;
Coupez, taillez, rognez, je m'en lave les mains.
Désormais, pour toujours, je renonce aux humains.

SCÈNE VI.

DORANTE, ANGÉLIQUE, NÉRINE,
Mme. LA RESSOURCE.

Dorante.

Ils prennent leur parti.

Madame la Ressource.

La recontre est plaisante!   1665

Je l'ai démarquisé bien loin de son attente :
J'en voudrais faire autant à tous les faux marquis.

Nérine.

Vous auriez, par ma foi, bien à faire à Paris.
Il est tant de traitants qu'on voit, depuis la guerre,
En modernes seigneurs sortir de dessous terre,   1670
Qu'on ne s'étonne plus qu'un laquais, un pied-plat,
De sa vieille mandille achète un marquisat.

Angélique
(*à Madame la Ressource*).

Vous avez découvert ici bien du mystère.

Madame la Ressource.

De quoi s'avise-t-il de me rompre en visière ?
Mais, aux grands mouvements qu'en ce lieu je puis voir,
Madame se marie.

Nérine.

Oui, vraiment, dès ce soir.   1676

Madame la Ressource
(*fouillant dans sa poche*).

J'en ai bien de la joie. Il faut que je lui montre
Deux pendants de brillants que j'ai là de rencontre.
J'en ferai bon marché. Je crois que les voilà :
Ils sont des plus parfaits. Non, ce n'est pas cela ;   1680
C'est un portrait de prix, mais il n'est pas à vendre.

Nérine.

Faites-le voir.

Madame la Ressource.

Non, non ; on doit me le reprendre.

Nérine
(*le lui arrachant*).

Oh ! je suis curieuse ; il faut me montrer tout.
Que les brillants sont gros ! ils sont fort de mon goût.
Mais que vois-je, grands dieux ! Quelle surprise extrême !
Aurais-je la berlue ? Eh ! ma foi, c'est lui-même.   1686
Ah !...   (*Elle fait un grand cri.*)

Angélique.

Qu'as-tu donc, Nérine ? et te trouves-tu mal ?

Nérine.

Votre portrait, madame, en propre original.

Angélique.

Mon portrait ! Es-tu folle ?

Nérine

(*pleurant*).   Ah ! ma pauvre maîtresse,

Faut-il vous voir ainsi durement mise en presse ?   1690

Madame la Ressource.

Que veut dire ceci ?

Angélique

(*à Nérine*).   Tu te trompes. Vois mieux.

Nérine.

Regardez donc vous-même, et voyez par vos yeux.

Angélique.

Tu ne me trompes point, Nérine ; c'est lui-même ;

C'est mon portrait, hélas ! qu'en mon ardeur extrême

Je viens de lui donner pour prix de ses amours,   1695

Et qu'il m'avait juré de conserver toujours.

Madame la Ressource.

Votre portrait ! Il est à moi, sans vous déplaire ;

Et j'ai prêté dessus mille écus à Valère.

Angélique.

Juste ciel !

Nérine.

    Le fripon !

Dorante

(*prenant le portrait*). Je veux aussi le voir.

Madame la Ressource.

Ce portrait m'appartient, et je prétends l'avoir.   1700

Dorante

(*à Madame la Ressource*).

Laissez-moi le garder un moment, je vous prie :

C'est la seule faveur qu'on m'ait faite en ma vie.

Angélique.

C'en est fait : pour jamais je le veux oublier.

Nérine

(*à Angélique*).

S'il met votre portrait ainsi chez l'usurier,
Étant encore amant, il vous vendra, madame,   1705
À beaux deniers comptants, quand vous serez sa femme.

   (*À Madame la Ressource.*)

Mais le voici qui vient. À trois ou quatre pas,
De grâce, éloignez-vous, et ne vous montrez pas.

Madame la Ressource.

Mais pourquoi . . .?

Dorante.

Du portrait ne soyez plus en peine.

Madame la Ressource
(*se retirant au fond de la scène*).

Lorsque je le verrai, j'en serai plus certaine.   1710

SCÈNE VII.

*VALÈRE, ANGÉLIQUE, DORANTE, HECTOR,
NÉRINE ; Mme. LA RESSOURCE,*
(*au fond du théâtre*).

Valère.

Quel bonheur est le mien ! Enfin voici le jour,
Madame, où je dois voir triompher mon amour.
Mon cœur tout pénétré . . . Mais, ciel ! quelle tristesse,
Nérine, a pu saisir ta charmante maîtresse ?
Est-ce ainsi que tantôt . . .?

Nérine.

Bon ! ne savez-vous pas? 1715

Les filles sont, monsieur, tantôt haut, tantôt bas.

Valère.

Hé quoi ! changer si tôt !

Angélique.

Ne craignez point, Valère,

Les funestes retours de mon humeur légère :

Le portrait dont ma main vous a fait possesseur
Vous est un sûr garant que vous avez mon cœur.   1720

Valère.

Que ce tendre discours me charme et me rassure !

Nérine
(*à part*).

Tu ne seras heureux, par ma foi, qu'en peinture.

Angélique.

Quiconque a mon portrait, sans crainte de rival,
Doit avec la copie avoir l'original.

Valère.

Madame, en ce moment, que mon âme est contente !

Angélique.

Ne consentez-vous pas à ce parti, Dorante ?   1726

Dorante.

Je veux ce qu'il vous plaît : vos ordres sont pour moi
Les décrets respectés d'une suprême loi.
Votre bouche, madame, a prononcé sans feindre ;
Et mon cœur subira votre arrêt sans se plaindre.   1730

Hector
(*bas à Valère*).

De l'arrêt tout du long il va payer les frais.

Angélique.

Valère, vous voyez pour vous ce que je fais.

Valère.

Jamais tant de bontés...

Angélique.

       Montrez donc, sans attendre,
Le portrait que de moi vous avez voulu prendre ;
Et que votre rival sache à quoi s'en tenir.   1735

Valère
(*fouillant dans sa poche*).

Soit... Mais permettez-moi de vous désobéir.
C'est mon oncle : en voyant de votre amour ce gage,
Il jouerait, à vos yeux, un mauvais personnage.
Vous savez bien qui l'a.

Angélique.

Vous pouvez le montrer.
Il verra mon portrait sans se désespérer. 1740

Dorante.

Madame, au plus heureux accordant la victoire,
Le triomphe est trop beau pour n'en pas faire gloire.

Valère
(*fouillant toujours dans sa poche*).

Puisque vous le voulez, il faut vous le chercher :
Mais je n'aurai du moins rien à me reprocher.
Vous voulez un témoin, il faut vous satisfaire. 1745

Hector
(*apercevant Madame la Ressource*).

Ah ! nous sommes perdus ! j'aperçois l'usurière.

Valère.

C'est votre faute si ... (*À Hector*) Qu'as-tu fait du portrait ?

Hector.

Du portrait ?

Valère.

Oui, maraud ; parle, qu'en as-tu fait ?

Hector
(*tendant la main par derrière, dit bas à Madame la Ressource*).

Madame la Ressource, un moment, sans paraître, 1749
Prêtez-nous notre gage.

Valère.

Ah ! chien ! ah ! double traître !
Tu l'as perdu.

Hector.

Monsieur ...

Valère
(*mettant l'épée à la main*).

Il faut que ton trépas ...

Hector
(*à genoux*).

Ah ! monsieur, arrêtez, et ne me tuez pas !

Voyant dans ce portrait madame si jolie,
Je l'ai mis chez un peintre ; il m'en fait la **copie**.

Valère.

Tu l'as mis chez un peintre !

Hector.

Oui, monsieur.

Valère.

Ah ! maraud !

Va, cours me le chercher, et reviens au plus tôt.   1756

Dorante

(*montrant le portrait*).

Épargnez-lui ces pas. Il n'est plus temps de feindre.
Le voici.

Hector

(*à part*).

Nous voilà bien achevés de peindre !

Ah ! carogne !

Valère

(*à Angélique*).

Le peintre ...

Angélique

(*à Valère*).

Avec de vains détours,

Ingrat, ne croyez pas qu'on m'abuse toujours.   1760

Valère.

Madame, en vérité, de telles épithètes
Ne me vont point du tout.

Angélique.

Perfide que vous êtes !

Ce portrait que tantôt je vous avais donné
Pour le gage d'un cœur le plus passionné,
Malgré tous vos serments, parjure, à la même heure,   1765
Vous l'avez mis en gage !

Valère.

Ah ! qu'à vos yeux je meure ...

Angélique.

Ah ! cessez de vouloir plus longtemps m'outrager,
Cœur lâche.

Hector

(*bas à Valère*).

       Nous devions tantôt le dégager;
Et, contre mon avis, vous avez fait la chose.

Madame la Ressource.

De tous vos débats, moi, je ne suis point la cause;   1770
Et je prétends avoir mon portrait, s'il vous plaît.

Dorante.

Laissez-le-moi garder; j'en pairai l'intérêt
Si fort qu'il vous plaira.

SCÈNE VIII.

GÉRONTE, ANGÉLIQUE, VALÈRE, DORANTE, NÉRINE, Mme. LA RESSOURCE, HECTOR.

Géronte

(*à Angélique*).   Que mon âme est ravie
De voir qu'avec mon fils un tendre hymen vous lie!
J'attends depuis longtemps ce fortuné moment.   1775

Nérine.

Son cœur ressent, je crois, le même empressement.

Géronte.

De vous trouver ici je suis ravi, mon frère.
Vous prenez, croyez-moi, comme il faut, cette affaire;
Et l'hymen de madame, à vous en parler net,
N'était, en vérité, point du tout votre fait.   1780

Dorante.

Il est vrai.

Géronte

(*à Angélique*).

       Le notaire en ce lieu va se rendre;
Avec lui nous prendrons le parti qu'il faut prendre.

Nérine.

Oh! par ma foi, monsieur, vous ne prendrez qu'un rat;
Et le notaire peut remporter son contrat.

Géronte.

Comment donc?

Angélique.

Autrefois mon cœur eut la faiblesse   1785
De rendre à votre fils tendresse pour tendresse;
Mais la fureur du jeu dont il est possédé,
Pour mon portrait enfin son lâche procédé,
Me font ouvrir les yeux; et, contre mon attente,
En ce moment, monsieur, je me donne à Dorante.   1790
  (*À Dorante.*)
Acceptez-vous ma main?

Dorante.

Ah! je suis trop heureux
Que vous vouliez encor ...

Géronte

(*à Hector*).   Parle, toi, si tu veux,
Explique ce mystère.

Hector.

Oh! par ma foi, je n'ose;
Ce récit est trop triste en vers ainsi qu'en prose.

Géronte.

Parle donc.

Hector.

Pour avoir mis, sans réflexion,   1795
Le portrait de madame une heure en pension
  (*Montrant Madame la Ressource.*)
Chez cette chienne-là, que Lucifer confonde,
On nous donne un congé le plus cruel du monde.

Géronte.

Sans vouloir davantage ici l'interroger,
Sa folle passion m'en fait assez juger. resu, u   1800
J'ai peine à <u>retenir</u> le courroux qui m'agite.
Fils indigne de moi, va, je te déshérite;
Je ne veux plus te voir, après cette action,
Et te donne cent fois ma malédiction.   (*Il sort.*)

SCÈNE IX.

ANGÉLIQUE, VALÈRE, DORANTE, NÉRINE,
Mme. LA RESSOURCE, HECTOR.

Hector.

Le beau présent de noce!

Angélique
(*à Valère, donnant la main à Dorante*).

    À jamais je vous laisse. 1805
Si vous êtes heureux au jeu comme en maîtresse,
Et si vous conservez aussi mal ses présents,
Vous ne ferez, je crois, fortune de longtemps.

Madame la Ressource
(*à Dorante*).

Et mon portrait, monsieur, vous plaît-il me le rendre?

Dorante.

Vous n'aurez rien perdu dans ces lieux pour attendre, 1810
Ni toi, Nérine, aussi. Suivez-moi toutes deux.
 (*À Valère*).
Quelque autre fois, monsieur, vous serez plus heureux.

           (*Il sort.*)

SCÈNE X.

Mme. LA RESSOURCE, VALÈRE, NÉRINE, HECTOR.

Madame la Ressource
(*faisant la révérence à Valère*).

En toute occasion soyez sûr de mon zèle. (*Elle sort.*)

Hector
(*à Madame la Ressource*).

Adieu, tison d'enfer, fesse-mathieu femelle.

SCÈNE XI.

NÉRINE, VALÈRE, HECTOR.

Nérine

(*à Valère*).

Grâce au ciel, ma maîtresse a tiré son enjeu.   1815
Vous épouser, monsieur, c'était jouer gros jeu.
(*Elle sort, en lui faisant la révérence.*)

SCÈNE XII.

VALÈRE, HECTOR.

(*Hector fait la révérence à son maître, et va pour sortir.*)

Valère.

Où vas-tu donc ?

Hector.

Je vais à la bibliothèque
Prendre un livre, et vous lire un traité de Sénèque.

Valère.

Va, va, consolons-nous, Hector : et quelque jour
Le jeu m'acquittera des pertes de l'amour.   1820

FIN DU JOUEUR.

NOTES.

Avertissement de l'éditeur.

P. vii, l. 13. Charles Rivière Dufresny (1648-1724), almost equally distinguished as a landscape gardener and as a comic writer. Composed several plays, the best of which are 'La Coquette du Village' in three acts (1715), and 'L'Esprit de Contradiction,' in one act (1700). 'Toutes ses pièces,' says a critic, 'pétillent d'esprit et de gaieté, mais l'auteur y prend trop souvent la place des personnages.'

P. ix, l. 9. François Gacon (1667-1725), a satirical poet who attacked in the coarsest style J. B. Rousseau, Lamotte, Boileau, and all the other celebrated men of his time.

P. x, l. 7. *Les auteurs de l'Histoire . . .,* François and Claude Parfait ; their 'Histoire du Théâtre Français' (1734-39) 15 vols. 12mo. is extremely valuable, notwithstanding a few inaccuracies.

P. xii, l. 24. *Biens-fonds,* landed property. *Casuel,* incidental profits.

P. xiv, l. 21. *Écumeur,* lit. one who skims, who takes the cream off. *Écumeur de réjouissance,* one who clears off the stakes. On the meaning of *réjouissance* here, see further on.

P. xvi, l. 10. *Des dettes de garçon,* bachelor's debts.

P. xviii, l. 5. *Rôles à manteau,* 'rôles de certains personnages de comédie auxquels ce vêtement est convenable, à cause de leur âge, de leur condition et de leur caractère.' (Littré.)

l. 28. *Soubrette,* lady's maid, abigail, female intriguer.

l. 33. *Elle a doublé,* she played the part, when the principal actress could not do so.

Notice sur la Vie de Regnard.

P. xxi, l. 6. *De fort bonne mine,* very good-looking.

P. xxii, l. 26. *Aubry de La Mottraye* (1674?-1743). He composed several volumes of travels.

P. xxiii, l. 20. *Où ce grand cardinal.* Armand Jean Duplessis Richelieu (1585-1642). His endeavours to crush the power of the house of Austria (1626–1641), and his expeditions against the island of Rhé (1626) and La Rochelle, then in the power of the Protestants, justify his being designated as *prêtre conquérant*, and *prélat amiral.*

P. **xxiii**, l. 22. *Lieutenant des eaux-et-forêts.* The whole administration of the woods and forests had been reformed by Colbert (1667–1669). In the time of Regnard, France was divided, for that purpose, into eighteen districts (*grandes maitrises*) each worked by several lieutenants.

l. 23. *Dourdan* (Lat. *Dordinga, Dordanum*); this small town belonged to the Orleans family before the Revolution. It was the capital of the province of Hurepoix, forming part of the department of Seine et Oise.

P. **xxiv**, l. 9. *D'admirer Molière.* M. Joubert's appreciative notice of Regnard may be quoted here : ' Molière est comique de sang-froid ; il vous fait rire et ne rit pas ; c'est là ce qui fait son excellence. Regnard est plaisant comme le valet ; Molière est comique comme le maître.'

Let us also give Boileau's opinion : ' Un critique très injuste disait à Despréaux que Regnard était un auteur médiocre. "Il n'est pas" répondit le judicieux satirique, "médiocrement gai."' (La Harpe.)

ACTE I.

Scène I.

P. **1.** *Fauteuil*, arm-chair ; O. F. *faudesteuil, faldesteuil*, from the Latin *faldestolium* (ninth century). ' Que de tableaux de genre achevés ! que de digressions qui enchantent ! quelle musique qui vous prend à la fois l'oreille, l'âme et les sens. Je ne rappelle qu'en passant le monologue d'Hector : "ne serai-je jamais laquais d'un sous-fermier ?"' (Weiss.)

Toilette, a toilet-table ; lit. a (table covered with a) small napkin, from *toile* : comp. *bureau*, an office-table, from *bure.*

· l. 4. *Sous-fermier*, an under-farmer (of the taxes). ' *Sous-ferme* se disait, dans l'ancienne monarchie, d'une subdivision des fermes du Roi, qui étaient l'ensemble des impôts.' (Littré.) ' Sosie, de la livrée a passé par une petite recette à une sous-ferme.' (La Bruyère.)

l. 5. *Mon soûl*, as much as I liked. *Soûl* is an adjective which means satiated, surfeited, tipsy. O. F. *saoul*, from the Latin *satullus.*

La grasse matinée, the whole morning. ' *La grasse matinée* est une matinée où l'on s'engraisse.' (Littré.)

P. **2,** l. 7. *Je ferais mon chemin*, I would get on in the world.

l. 9. *Rat-de-cave*, a name given to the clerks of the excise who visited the cellars to see if they could discover any casks of wine for which the duty had not been paid. Thus again : ' Orry fut d'abord *rat-de-cave*, puis homme d'affaires de la Duchesse de Portsmouth.' (Saint-Simon). A *rat-de-cave* is also a small taper used for the purpose of going down into the cellar.

l. 11. *Ressorts bien liants*, very easy springs. ' Comme tout cela brille et pétille, et sans rien de cherché.' (Sainte-Beuve.)

l. 13. *Brusquer la fortune.* 'Chercher fortune principalement par des moyens prompts et hasardeux.' (Littré.)   In another play Regnard says again :—

> 'En différents pays j'ai *brusqué la fortune*
> Sans que l'on ait de moi reçu nouvelle aucune.'
>   (Les Ménechmes.)

l. 15. *D'un drap du Sceau couvert*: should be spelt *d'Usseau.* The cloth made at *Usseau*, near Carcassonne (dept. of the Aude), in the South of France, was considered of an inferior quality.

Scène II.

l. 22. *La porte bâtarde*, a door which is neither as wide as a gate (porte cochère) nor as small as a back door.

P. 3, l. 32. *Brelan*, a gambling-house ; originally a game at cards. O. F. *brelenc*, from the German *bretling*, a small board. 'Qu'il garde sa main droite pour jouer au *brelan*.' (Mme. de Sévigné.) 'Trois dez et ung *brelenc*.' (An old fabliau in Barbazan's collection.)

l. 33. *Réduit à sec*, fleeced, ruined.

l. 36. *Rompre tout commerce*, break off all intercourse.

l. 39. *Cornet*, dice-box, a dimin. of *corne*. *Dé*, a die (pl. dice), from the Latin *datum*, lit. what is given or thrown (on the table).   When *dé* means a thimble, it is from the Latin *digitale.*

l. 42. *Consigne entre tes mains*, deposits (money) with you.

P. 4, l. 47. *Congrûment*, properly, decently.

l. 54. *Colifichets* ; nonentities, lit. toys, trinkets.   Etymology uncertain.

> 'Vous me préférez donc votre insipide amant,
>   Votre *colifichet*, plein de fard et de gomme.' (Boursault.)

l. 55. *Débraillé*, slovenly in their dress ; from *braie*, breeches (Lat. *braca*). 'Leurs perruques d'étoupe, leurs hauts-de-chausses tombants, et leurs estomacs *débraillés*.' (Molière, L'Avare.)

l. 57. *Une lèvre qu'on mord*, etc. 'Il faudrait : "pour la rendre plus vermeille," ou "pour la rendre vermeille."' (Beuchot.)

l. 59. *Une longue steinkerque à replis tortueux*, a kind of cravat.   The origin of the word is thus explained by Voltaire (Siècle de Louis XIV) : —'Monsieur le Duc, le Prince de Conti, Monsieur de Vendôme et leurs amis trouvaient, en s'en retournant à Versailles après la bataille de Steinkerque (1692), les chemins bordés de peuple ; les acclamations et la joie allaient jusqu'à la démence ; les hommes portaient alors des cravates de dentelle qu'on arrangeait avec assez de peine et de temps ; les princes s'étant habillés avec précipitation pour le combat, avaient passé négligemment ces cravates autour du cou : les femmes portaient des ornements faits sur ce modèle ; on les appela des Steinkerques.'

À replis tortueux ; comp. Racine, Phèdre : —

> 'Sa croupe se recourbe en replis tortueux.'

l. 61. *Faisant le gros dos*, a kind of contortion then looked upon as fashionable, and which made the Paris dandies resemble a cat when it sets up its back. A man was said to *faire le gros dos* when he assumed airs of importance. Thus 'Le fils de Saumery, à force de faire l'important et *le gros dos*, imposait à une partie de la cour.' (Saint-Simon.)

P. 5, l. 67. *Un petit brelandier*, a little gambler; from *brelan* (see above). Also used as an adjective:—

'T'ai-je encore décrit la dame *brelandière?'* (Boileau.)

l. 77. *Tarare*, nonsense. Coquillart has the word *tariatara*.

'Nous parlâmes *tariatara*
Puis de monsieur, puis de madame.'
(Monologue de la botte de foin.)

P. 6, l. 92. *Tu m'avoûras*, contraction for *avoueras*, on account of the metre.

l. 99. *Ce portrait est tout prêt:* in the original edition, *Le portrait . . .*

l. 102. *Fils de famille* = fils de (bonne) famille.

l. 104. *En un hôtel garni*, in furnished apartments. The expression *un garni* is used to designate furnished apartments of a modest description let out to workmen.

l. 105. *Eh! vous y logez bien: bien* is emphatic here—*You* lodge there!

Votre clique, your set; from *cliquer*, an Old French verb which means 'to make a noise.' *Clique* = *claque*, a set of people who are hired to clap a play into notoriety.

P. 7, l. 115. *Je ne t'abuse pas*, I tell you candidly.

Scène III.

l. 123. *C'est un panier percé*, a spendthrift; lit. a basket which cannot hold what is put into it. From the Latin *panacium*, a bread-basket. 'Son mari, glorieux et bas plus qu'elle, *panier percé* qui jouait et perdait tout.' (Saint-Simon.)

Scène IV.

P. 8, l. 133. *Eh! la voilà, monsieur.* 'Quand le Joueur, rentré le matin après une nuit passée au jeu, à demi égaré par ses pertes, parcourt la scène à pas précipités, si le valet qui le poursuit de sa robe de chambre déployée est un acteur habile, qui ne rira de bon cœur? La lecture éteint ce feu des jeux de scène, refroidit plus d'un effort de surprise, émousse plus d'une pointe.' (Nisard.)

Une école maudite, an expression at backgammon. '*Faire une école*,' says M. Littré, 'oublier de marquer les points que l'on gagne, ou en marquer mal à propos.'

l. 136. *Trictrac*, formerly *tictac*; onomatopoetic, from the rattling noise made by the dice.

l. 140. *J'incague*, I set contemptuously at defiance. *Incaguer* (from the Latin *incacare*) is obsolete.

Scène VI.

P. 11, l. 173. *Des arrérages*; formerly *arriérages*, from *arrère*, archaism for *arrière*, arrears.

l. 174. *Gages* here = pledges.

l. 177. *Nippes*, from the Icelandic *kneppe*, lit. apparel, clothes, and especially linen clothes; here goods, chattels. *Nippé* or *bien nippé* is said of a well-dressed person. 'Savary était à son aise, *bien nippé*, sans emploi, et vivait en Épicurien.' (Saint-Simon.)

l. 178. *D'une réjouissance*. 'Expression du jeu de lansquenet. Carte sur laquelle tous les coupeurs et les autres peuvent mettre de l'argent.' (Littré.)

P. 12, l. 95. *Qu'on ne vous plante là*, lest you should be left in the lurch.

l. 210. *Rabattre*, fall back upon. *Rabattre* means originally to move suddenly in a direction contrary to the one taken at first; thus 'Vous rabattrez à droite' = you must turn sharp to the right.

P. 13, l. 218. *Un ambigu*, a compound.

l. 222. *Grand épouseur aussi* . . . , likewise matrimonially addicted.

La galope, courts her in a most persevering manner. Thus again: 'Tandis que le duc . . *galope* vos filles d'honneur l'une après l'autre.' (Hamilton, Mémoires du chevalier de Grammont.)

Et la flaire, and remains in her scent.

l. 224. *Un marquis de hasard*, a second-hand marquis.

Scène VII.

P. 14, l. 236. *À quelque éclat fâcheux*, to take some disagreeable quarrel.

l. 239. *pilier-né*, the born support (pillar).

l. 240. *Trébuchet*, snare; from *trébucher* (O. F. *tresbucher*, L. Lat. *transbuccare*), to stumble.

l. 245. *Jeux galants*, nice, ingenious games.

l. 247. *Le jeu n'est que fureur*. 'L'etendue du mal (le jeu), à l'époque qui nous occupe, frappe tous les moralistes. "Elle a," dit Frosine vantant à Harpagon les vertus de Marianne, "une aversion horrible pour le jeu; ce qui n'est pas commun aux filles d'aujourd'hui; et j'en sais une de nos quartiers qui a perdu à trente et quarante vingt mille francs cette année." Parcourez les titres des pièces de Dufresny et de Dancourt, vous y verrez les *Joueuses*, la *Désolation des joueurs*, la *Déroute du Pharaon*, le *Chevalier joueur*. Lisez celles même où le jeu ne fournit point l'étoffe principale; c'est un accessoire inévitable.' (Weiss.)

P. 15, l. 264. *Comme le voilà fait !* how seedy he looks!

l. 265. *L'œil hagard*, his look wild. The adjective *hagard* was formerly applied only to the falcon; 'un *faucon hagard*' is a hedge-falcon (from *haie*, a hedge) which has never moulted in a cage, and is looked upon as untameable.

l. 266. *On croirait qu'il viendrait*, for on *croirait qu'il vient.* On this symmetrical use of the conditional (and also of the future) see M. Génin's 'Lexique comparé de la langue de Molière,' pp. 75, 76 and 192, 193. 'Cette symétrie empruntée du Latin,' says M. Génin, 'était, dans l'ancienne langue, une règle inflexible. Guillemette dit à Patelin, son mari, dans la scène de la folie feinte :—

> "Par ceste pecheresse lasse,
> Si *j'eusse* aide, je vous *liasse.*"

" Si adjutorium *haberem*, te *ligarem*." ' Thus again : 'S'il s'en trouvait qui *crussent* que j'aurait blessé la charité que je vous dois en décriant votre morale.' (Pascal, Lettres Provinciales.)

l. 267. *De faire un mauvais coup*, to do some villainous job.

l. 268. *Il a fait trente fois coupe-gorge*, an expression used at the game of lansquenet. 'Se dit du malheur de celui qui, ayant la main, tire sa carte avant que d'avoir tiré aucune de celles des joueurs, ce qui lui fait perdre tout ce qui est sur le tapis.' (Littré.)

P. 16, l. 284. *C'est un homme tondu*, lit. he is (he shall be) a man fleeced. I shall do for him.

l. 293. *Sornettes*, nonsense. Dim. of a root *sorn*, of Celtic origin ; Kymr. *swrn*, a trifle.

P. 17, l. 297. *Au denier un*, cent. per cent.

Scène X.

P. 18, l. 323. *Gentilhomme Auvergnac*, a *gentilhomme* from Auvergne. *Auvergnac* to rhyme with *trictrac.*

l. 325. *Toutabas, vicomte de la Case*, quite low, Viscount of chessboard-square. 'Il n'est pas non plus très vraisemblable que le maître de Trictrac qui vient pour Valère, prenne Géronte pour lui, et débute par lui proposer des leçons d'escroquerie ; ces sortes de gens connaissent mieux leur monde ; mais la scène est amusante.' (La Harpe.)

P. 19, l. 329. *En galère*, on the galleys, amongst the criminals condemned to hard labour.

l. 330. *Espalier*, means literally a fruit-wall (It. *spalliere*). The name *espalier* was given to the two leading slaves whose movements directed those of the rest. 'Have they not given you a commission as head galley-slave ?'

l. 335. *Avecque* instead of *avec*, on account of the metre.

l. 336. *Aux Petites-Maisons*, at the lunatic asylum. This name was given to a lazar-house founded in Paris during the fifteenth century, and appropriated in 1557 for the use of beggars and mad people.

l. 341. *Paira-t-on des marchands ;* orig. edit. *de marchands.*

l. 342. *Avec un vaudeville*, with a popular tune. *Vaudeville* for *vau* (*val, vallée*) *de Vire*, meant originally a song, generally of a satirical character ; composed by Olivier Basselin (fifteenth century) a miller who lived in Normandy, on the banks of the river Vire.

l. 349. *À voir*, to judge by your appearance.

l. 350. *Fiacres*, cab-drivers. ' Eh bien ! qu'est-ce que me vient conter cette chiffonière ? répliqua l'autre en vrai fiacre.' (Marivaux.) *Fiacre* is now used to mean a hackney coach. The name is derived from the circumstance that the first man who let hackney coaches for hire in Paris, took up his abode in a house having over the door an image of Saint Fiacre.

P. 20, l. 358. *Ronde*, the stakes which each player puts down at cards.

l. 362. *Réjouissance :* see above, note to line 178.

l. 364. *On court peu ce hasard . . .* : in some editions *on court peu de hasard.*

l. 366. *D'un sort injurieux* : in some editions *du sort.*

l. 367. *Sonnez*, at backgammon, means the throw of the dice which brings the double six.

l. 368. *Dés chargés ou pipés*, bad dice, loaded and prepared by swindlers. *Piper* means 'to deceive.' ' Le présent ne nous satisfaisant jamais, l'espérance nous *pipe*.' (Pascal, Pensées).

l. 369. *Et quand mon plein est fait ; faire un plein*, to cover with two men the six points of one of the tables.

l. 379. *Maître juré filou*, sworn thief.

P. 21, l. 382. *Que vous escamotiez*, that you should juggle away. From the Spanish *escamotar.*

l. 388. *Vous plairait-il de m'avancer le mois ?* Comp. Molière : ' Si vous vouliez me prêter deux pistoles.' (Les Fâcheux, iii. 3.)

l. 389. *Gibier de potence*, gallows-bird.

The following extract from M. Saint-Beuve's Causerie on Regnard will interest our readers :—

' Avec *le Joueur* (1696) la grande comédie commence. Le caractère est bien soutenu, l'intrigue bel et bien nouée, les scènes pleines et sans langueur, l'action attachante et jusqu'à la fin en suspens, le style surtout dru, ample, aisé, délicieux. . . Le caractère principal a beaucoup de vérité : cet homme, qui a joué, qui joue, et qui jouera, qui, toutes les fois qu'il perd, sent revenir sur l'ean son amour, mais qui, au moindre retour de fortune, lui refait banqueroute de plus belle, cet homme est incurable.' (Vol. vii.)

ACTE II.

Scène I.

P. 22, l. 406. *Il est plus journalier*, he changes from day to day. Thus again : ' Je suis journalier ; j'ai des jours où je ne me ressemble guère.' (Lamotte.)

l. 407. *Il rêve*, he is always in a dreamy state.

l. 410. *Je connais le grimoire*, I know all about love matters. ' Savoir le grimoire, entendre le grimoire,' says M. Littré, ' être habile dans les choses dont on se mêle.' *Grimoire* = a conjuring-book. Etymology uncertain.

l. 411. *Des hoquets d'amour*, fits of love. *Hoquet* = a hiccough (onomatopoetic).

P. 23, l. 426. *Se donnera du front*, will strike his forehead.

l. 127. *Toupet*, a tuft of hair. O. F. *toupe*, from the Low Germ. *topp*.

Scène II.

l. 433. *Prévenue*, prejudiced.

P. 24, l. 443. *Gueux*, a beggar.

l. 446. *Un emporté joueur*, a desperate gambler.

P. 25, l. 466. *Cela racquitte-t-il*, does this compensate.

P. 26, l. 484. *Et jamais, en aimant, je ne fis de faux frais*, I never ran into incidental expenses, I never loved from interested motives. *Frais* is from the late Lat. *fredum*, a fine.

l. 487. *m'armer de fier*, assume a haughty demeanour.

l. 489. *Un conseiller de robe.* The members of the council of state under the ancien régime were either high dignitaries of the church or military men, known by the name of *conseillers de robe courte*.

Scène III.

P. 27, l. 506. *Il n'est pas sur mon compte*, he is not on the list of my lovers.

Scène IV.

P. 28, l. 519. *Comme à tout*, etc. Comp. Molière : '. . . . Qu'il a le tour galant' (Les Femmes Savantes, iii. 2).

l. 524. *Vous rencontrez le tuf*, you come to the solid ground.

l. 525. *Du cœur*, courage, *Plus que seigneur de France*; in recent editions, *seigneur en France*.

l. 530. *Je n'y suis pas plus tôt* (que) *soudain*. . . .

l. 536. *Que par convulsion.* With this amusing description of a courtier compare Molière's Misanthrope, i. 1.

l. 538. *Gros fermier*, a rich farmer of the taxes.

l. 540. *Taux* cannot rhyme regularly with *haut*. The original edition gives *tau*, and the one of 1728 *taut*.

l. 541. *Moi, j'aime à pourchasser des beautés mitoyennes*, for my part I like to flirt with ladies who belong to a middling station in life.

l. 544. *Je pousse la fleurette*, I pay my compliments. Alluding to these two couplets M. Sainte-Beuve says (Causeries du Lundi, vol. vii. p. 12) : ' Ici, dans cette large et copieuse façon de dire, Regnard remontait par de là Boileau, et dérivait en droite ligne de Regnier.'

P. 29, l. 552. *En user*, to behave.

l. 557. *Petit badin*, silly fellow. 'Sus, levez vous, *badin*, si vous tombiez dedans.' (Régnier.) *Badin*, like *badaud*, comes from the Lat. *badare*, to gape.

l. 562. *Dit à cru*, said plainly. *À cru* means literally on the bare skin. 'Ces babares montaient *à cru* des étalons sauvage.' (Chateaubriand.)

l. 566. *Que mortel, quel qu'il soit . . . .*: original edition *tel qu'il . . .*

l. 567. *Qui pût*: original edition *qui puisse.*

l. 568. *Croirait-on qu'une veuve aurait.* See above, the note to line 266.

P. 30, l. 574. *Le droit de bienséance avec celui d'aubaine*, the right resulting from the fact that you suit me and that I am enjoying an unexpected pleasure. The *droit d'aubaine* is literally the right which a sovereign had over the property of an alien (*aubain = alibi natus ?*).

Scène VII.

P. 31, l. 592. *Palsambleu = par le sang (de) Dieu.*

P. 32, l. 594. *Cette femme de robe*, that lawyer's wife.

Scène VIII.

l. 506. *C'est un pesant fardeau*, etc. So many advantages are very burdensome.

Scène X.

P. 33, l. 615. *Un bon fond*, a good natural disposition.

P. 34, l. 634. *Quelques civilités que l'usage autorise.* Comp. Molière: 'Quelques dehors civils que l'usage demande.' (Le Misanthrope, i. 1.)

P. 35, l. 640. *Vous êtes un fat*, you are a fool.

Scène XI.

P. 37, l. 686. *Vous avez moins de cœur qu'une poule mouillée*, you are entirely devoid of courage. 'Je déteste les *poules mouillées*, et les âmes faibles.' (Voltaire.) Comp. this scene with Molière's Tartuffe (ii. 4).

Scène XIV.

P. 40, l. 729. *Au fait*, come to the fact. 'Madame la Ressource et M. Toutabas sont deux excellents rôles qui appartiennent à Regnard.' (Geoffroy.)

P. 41, l. 731. *Bien entendu*, of course.

l. 732. *L'endosser*, endorse it.

l. 739. *Nantissements*, pledges; from the verb *nantir* (O. F. *nam*, a pledge; Scand. *nam*, a prize, seizure).

l. 740. *Poinçon*, stamp.

P. 42, l. 759. *Il faut un peu s'aider*, we must make some efforts.

l. 761. *Je ne puis m'en défaire*, I cannot decently part with it.

P. 43, ll. 766, 767. *Cette grosse partie de ces joueurs en fonds*, that rich lot of gamblers well provided with money.

P. 44, l. 779. *Micmac*, 'intrigue mêlée et de bas étage.' (Littré.)

l. 780. *Je t'en répond*, for *réponds*; on account of the rhyme with *pond*.

l. 790. *Plus notre argent fatigue*, the more our money circulates. 'On dit que *l'argent fatigue* quand il est constamment placé à intérêt.' (Littré.)

'L'idée de génie, dans *le Joueur*, c'est d'avoir amené Valère a mettre en gage le portrait d'Angélique. Au premier mot qu'il en dit à son valet, celui-ci se révolte :

"Ah! que dites-vous là? Vous devez le garder."
Et Valère de répondre :

"Tu sais jusqu'où vont mes besoins.
N'ayant pas son portrait, l'en aimerai-je moins?"
Voilà le joueur. Regnard l'a pris sur le fait.' (Nisard.)

ACTE III.

Scène I.

P. 45, l. 797. *Pourquoi*. The metre here requires *pourquoi* instead of *pour lequel*; but this form of expression is common in all the best writers of the seventeenth century. Thus :
'Elles tiennent de la tige sauvage sur *quoi* elles sont entées.'
(Pascal, Pensées.)
'Selon Vaugelas, *quoi*, pronom relatif, est d'un usage fort élégant et fort commode pour suppléer au pronom *lequel* en tout genre et en tout nombre. Et de ces deux locutions : "le plus grand vice *à quoi* il est sujet, ou bien *auquel* il est sujet, il préférait la première." ' (Auger.) See Génin's Lexique Comparé de la Langue de Molière, p. 347.

l. 801. *As-tu fait quelque pièce?* have you played some trick? Thus again : 'L'aventure de ce La Frenaye, qui se tua chez Mme. de Tencin *pour lui faire pièce*.' (Voltaire, Correspond.)

l. 802. *De ta maîtresse*, for *par* . . .

l. 803. . . . *c'est de votre sort dont j'ai compassion*. This pleonastic use of the pronoun is not grammatical. Boileau has said in the same way :—
'C'est *à vous*, mon esprit, *à qui* je veux parler.'

l. 804. *D'aller chercher condition*, to go and seek a good situation. 'Le sens propre, qui vient de la féodalité, était : personne de condition, personne soumise à une condition, c'est à dire affranchie, avec la condition de fournir un certain service.' (Littré.)

Scène II.

P. 47, l. 824. *Allons, gai. Vous a-t-on donné votre congé?* Come, cheer up! Have you received notice to quit?

'Gai! gai! serrons nos rangs!
　　Espérance
　　De la France!
Gai! gai! serrons nos rangs?
　　En avant! Gaulois et Francs!' (Béranger.)

l. 826. *Violenter*, use violence towards.

'On l'a *violenté* pour quitter l'échafaud.'
(Corneille, Polyeucte, iii. 3.)

.l. 829. *D'un héros de Cassandre.* 'Cassandre' is the title of a romance written by La Calprenède (Gautier de Costes, de) 1610–1663. On him see the note in vol. iv. of this series, p. 301.

Scène IV.

P. 48, l. 845. . . . *un petit rôle*, a small memorandum. 'Le mémoire que présente Hector à M. Géronte des dettes actives et passives de son fils est de la tournure le plus gaie.' (La Harpe.)

l. 853. *Sur les points*, on the details.

l. 858. *Dettes criardes*, urgent, pressing debts; lit. clamorous. 'Je n'ai jamais su faire des *dettes criardes*.' (J. J. Rousseau, Confessions.)

· l. 859. *Aurait tantôt promis*, for *a tantôt promis*, has a little while ago promised.

P. 49, l. 864. *Mises*, advances. *Loyaux coûts*, fair, bonâ fide expenses. Note the proverb: 'Le coût fait perdre le goût,' i.e. 'the cost of a thing makes us forego the pleasure of having it.'

l. 866. *À la propice*, to suit; this adverbial expression is now obsolete.

l. 868. *Valet de carreau*, knave of diamonds. In some editions:

'Je me suis de nouveau
Donné celui d'Hector, du valet de carreau.
Géronte. Le beau nom!
Hector. 　　　　　C'est un nom d'une nouvelle espèce,
Qui part de mon esprit fécond en gentillesse.'

l. 870. *Dame de pique*, queen of spades. It will be interesting to give the following details on the court cards, such as they are used in France. 'Trois des rois sont censés représenter Alexandre, César et Charlemagne; mais le roi de pique, appelé David, serait l'emblême de Charles VII, qui fut poursuivi par son père, comme David le fut par Saül. La dame de trèfle, nommée *Argine*, anagramme de *Regina*, serait Marie d'Anjou, femme de Charles VII; la dame de carreau, *Rachel*, Agnès Sorel; la dame de pique, *Pallas*, la Pucelle D'Orléans; la dame de Cœur, *Judith*, Isabeau de Bavière, femme de Charles VI. Des quatre valets ou varlets, *Ogier* et *Lancelot* sont deux preux du temps de Charlemagne; *Hector de Galand* et *La Hire*, deux capitaines du temps de Charles VII.' (Le Bas, Dictionn. Encyclop. de la France, s. v. *Cartes.*)

l. 876. *Quidams,* the expression *quidam* (or sometimes *quidane*) is used in law papers to designate persons vaguely and generally. It is also employed as a term of contempt. 'Leur zèle serait vous les jours mal reconnu par certains *quidams* indiscrets.' (Dancourt.)

l. 877. *Sont déduits;* in some recent editions *sont décrits. Déduits,* enumerated.

> 'Les puissantes raisons qu'on vient de me *déduire,*
> Vont ranger mes soupçons au point de se détruire.'
>
> (Mairet, Soliman, ii. 7.)

Les parties, the items. ' Ce qui me plait de M. Fleurant, mon apothicaire, c'est que ses *parties* sont toujours fort civiles.' (Molière, Le Malade Imaginaire, i. 2.)

l. 878. *Ès = en les.* 'Nourris ès anciennes guerres de France et d'Angleterre.' (Commines.)

P. 50, l. 904. *De ces effets véreux,* worthless (lit. worm-eaten) papers, securities.

l. 908. *Aux champs de Fleurus.* Fleurus, a town of Belgium in the province of Hainaut. Three celebrated battles were fought at Fleurus; the second, the one alluded to here, occurred in 1690, and was gained by Marshal de Luxembourg over the Germans commanded by the Prince of Waldeck.

l. 910. *De l'or en barre,* solid gold. '*De l'or en barre* se dit d'un billet dont on aura de l'argent comptant quand on voudra.' (Littré.)

P. 51, l. 912. *Les droits hypothéqués,* the rights mortgaged.

l. 920. *Avecque,* instead of *avec,* for the sake of the metre. *Avecque* is quite obsolete now.

A propos of this amusing scene, let us quote the following remarks of the celebrated feuilletoniste Geoffroy: ' *Le Joueur* est une des meilleures comédies faites depuis Molière. . . . Il n'y a dans *le Joueur* qu'esprit, gaieté, vérité, naturel, à quelques farces près alors à la mode, et fort supérieures à celles qui sont à la mode aujourd'hui; mais en tout cela, très peu de ce que nous appelons intérêt.' (Cours de Littérature Dramatique, vol. ii. p. 337.)

Scène VI.

l. 924. *Avenant,* pleasing (cf. the English *comely*); *à l'avenant,* in proportion. 'Mme. d'Heudicourt, plaisante, amusante au possible, méchante *à l'avenant.*' (Saint-Simon.)

P. 52, l. 927. *Coin,* die.

l. 932. *Nos actions,* our shares.

l. 943. *Raccroché,* lit. hooked again; reconciled (with Angélique).

P. 53, l. 956. *Libertinage,* looseness of life. In the seventeenth century *libertinage* meant merely freethinking. Thus:

> 'Mon frère, ce discours sent *le libertinage.*'
>
> (Molière, Tartuffe, i. 6.)

As Bouhours says (Remarques Nouvelles sur la Langue Française), 'A lady of blameless conduct and unsullied reputation might boast of being *libertine*, i. e. of being independent in her ways of thinking.

l. 960. *Cadeaux*, presents. 'The word is especially used of entertainments given to women; in the seventeenth century the phrase "donner aux femmes un *cadeau* de musique et de danse" was used. From this phrase *donner un cadeau* comes the modern sense of a present.' (Brachet.)

l. 965. *Devient à rien.* 'Devenir à rien,' says Littré, 'diminuer, se réduire considérablement.'

l. 967. *À deux grands battants*, wide; *battants* = the folds of the door.

P. 54, l. 970. *Vous tirent à cartouche : vous* is here pleonastic. Thus Racine:—

'Prends-*moi*, dans mon clapier, trois lapins de garenne.'

(Les Plaideurs.)

Tirent à cartouche = speak evil, slander; lit. fire with cartridges. Ital. *cartoccio.* When *cartouche* is masculine it means a cartouche, an architectural ornament.

l. 971. *Oisifs de métier*, professional idlers.

l. 972. *Le lardon scandaleux*, the slandering anecdote. 'Être le lardon du quartier,' to be the tale-bearer of the neighbourhood.

l. 976. *Des plaisants*, wits, facetious fellows.

l. 985. *Et quoi qu'un sort . . .*, 'Et quelles que soient les injustices qu'un sort jaloux nous fait.' 'La joie de Valère dans le gain est-elle plus vraie? . . . Pourquoi ne serait-ce pas tout aussi bien le langage d'un financier qui, à la vue de sa cassette, songerait à tout ce qu'un mortel peut se donner avec de l'argent? Je n'aime pas ces traits qui conviennent également à deux conditions très différentes; ils ne caractérisent ni l'une ni l'autre.' (Nisard.)

l. 988. *Vous voilà donc . . .*, you are on good terms with ready money.

l. 991. *Nous verrons.* 'Il a beau s'écrier dans sa détresse; *Ah! charmante Angélique!* Il ne mérite pas de la posséder, et il a mérité au contraire de la perdre, non point tant encore pour avoir mis le portrait de sa maitresse en gage que parceque, le pouvant, et averti par son valet, il a refusé de la dégager et a répondu : *nous verrons!* ce mot là le juge.' (Sainte-Beuve.)

l. 992. *C'est un dépôt*, it is a trust. 'Le portrait mis en gage procure à Valère mille écus, et ces mille écus ont ramené la fortune. Valère va-t-il les retirer de ce gain pour racheter le portrait? Son valet le lui conseille honnêtement. "Oh! non," répond-il, " c'est un dépôt." Trait charmant, le sublime du genre. L'argent du jeu! comment donc! c'est le seul sacré; le joueur n'a de devoirs qu'envers son gain.' (Nisard.)

P. 55, l. 997. *Au mémoire*, the item is on the bill.

l. 998. *C'est une mer à boire*, it is a considerable difficulty to get over. Thus again:—

'Si j'apprenais l'hébreu, les sciences, l'histoire,
    Tout cela, c'est *la mer à boire*.' (La Fontaine).

' Se servir d'une prêteuse sur gages pour amener le dénouement d'une pièce qui s'appelle *le Joueur*, et faire mettre en gage par Valère le portrait de sa maîtresse à l'instant où il vient de le recevoir, est d'un auteur qui a parfaitement saisi son sujet : aussi Regnard était-il joueur. Il a peint d'après nature, et toutes les scènes ou le joueur parait sont excellentes. Les variations de son amour, selon qu'il est plus ou moins heureux au jeu ; l'éloge passionné qu'il fait du jeu quand il a gagné ; ses fureurs mêlées de souvenirs amoureux quand il a perdu ; ses alternatives de joie et de désespoir ; le respect qu'il a pour l'argent gagné au jeu, au point de ne pas vouloir s'en servir, même pour retirer le portrait d'Angélique ; cet axiôme de joueur qu'on a tant répété, et qui souvent même est celui des gens qui ne jouent pas :

"Rien ne porte malheur comme payer ses dettes ; "

tout cela est de la plus grande vérité.' (La Harpe.)

Scène VII.

P. 56, l. 1009. *Calèche :* Polish *kolaska, kolassa ;* Germ. *kalesche.* À *velours à ramage*, lined with velvet adorned with patterns of flowers and leaves (L. *ramus*).

' Le carrosse est doublé d'un velours à ramage.'
(Hauteroche.)

l. 1013. *Galonier*, a proper name formed from the subst. *galon*, fringe, gold or silver lace.

P. 57, l. 1023. *Que je sois en maraud ;* in modern editions *que je sois un maraud.*

l. 1040. *Quand il y fera bon*, when there is something to get.

P. 58, l. 1043. *Je croi*, instead of *je crois*, on account of the rhyme with *moi.* Notice, however, that *croi* is really the correct spelling.

l. 1055. *Détalez*, be off ; from *étal*, a stall. Comp. with this scene the well-known one in Molière's Le Festin de Pierre, iv. 3.

Scène XI.

P. 60, l. 1074. *Je faufile*, I frequent, I keep company with. *Faufiler* means literally to tack, to baste (in sewing). Tacking was done with a *faux fil*, a thread which is not meant to remain.

P. 61, l. 1077. *Petits-maîtres de robe à courte et longue queue*, dandy lawyers, who according to the rank they hold in their profession have a short or long train.

l. 1078. *J'évente*, I discover.

l. 1079. *Architriclin*, governor of the feast.

l. 1084. *J'ai la botte trompeuse et le jeu très-brouillé*, my thrusts (in duelling) are deceitful, cunning, clever (*botte*, from the Span. *botar*, to hit ; the O. F. verb *bouter* means to thrust, to strike, to butt, to put), and my play (my fencing) is very puzzling, or complicated.

l. 1086. *Vice-bailli*, deputy-governor. The *bailli* was originally invested with almost unlimited authority as representative of the king or feudal lord; but during the seventeenth and eighteenth centuries his official position was uncertain and ill-defined. 'Les baillis,' says M. Chéruel, 'commandaient le ban et l'arrière-ban, convoquaient la noblesse de leurs districts, et étaient regardés comme ses chefs naturels.' (Dictionnaire Historique.)

Le Maine, a province of France, formerly inhabited by the *Cenomani*; its capital was *Le Mans*. It was united to the Crown in 1584, at the death of Francis, the last duke, who died childless.

l. 1087. *J'ai le vol du chapon.* 'Le vol du chapon était, en droit contumier, une certaine étendue de terrain autour du manoir.' (Littré.) There is here a kind of play on the word, the province of Maine being celebrated for its capons.

l. 1088. *Manceau*, a native of Maine.

l. 1091. *Assez sèche de soi*, dry enough in itself.

l. 1100. *Velléité*, faint inclination or desire.

P. 62, l. 1103. *Lansquenet.* The game of *lansquenet* was introduced by the Germans into France during the sixteenth century; hence its name (Germ. *landsknecht*).

l. 1104. *Rabattre votre caquet*, stop your boasting; vulg. 'take you down a peg.' Also *rabaisser le caquet*. 'Je vous assure que cela rabaisse le caquet.' (Madame de Sévigné.)

P. 62, l. 1106. *En agir avec moi comme avec l'as de pique*, to deal with me as with an insignificant fellow. *As de pique* is a colloquial expression which means a slanderer, a tell-tale.

'Ô la fine pratique,
Un mari confident !—Taisez vous, as de pique.'
(Molière, Le Dépit Amoureux.)

There is a play on the word *pique*, from *piquer*, to sting.

l. 1107. *Vous faites le plongeon*, lit. you bob your head to avoid a shot; you give in.

l. 1108. *Petit noble à nasarde*, twopenny-halfpenny nobleman, to whom one can give with impunity a fillip (*nasarde*) on the nose. *Enté*, grafted (Low Lat. *impotus*, a graft; Gr. ἔμφυτον). *Sauvageon*, a wild tree.

l. 1113. *Vous êtes un faquin*, you are an impudent fellow. (It. *facchino*, a street porter.)

Cela vous plaît à dire, you are pleased to say so. 'Le marquis de Regnard n'est qu'une assez mauvaise caricature inutile à l'action.' (Geoffroy.)

l. 1115. *Francs du collier*, high-mettled; a figurative expression from a horse who pulls readily.

Scène XII.

P. 63, l. 1121. *Tout beau !* gently!

l. 1123. *Certains petits airs*, assumes arrogant manners.

l. 1124. *Et prend . . . les choses de travers*, misconstrues things.

P. 64, l. 1126. *Monsieur prend la chèvre*, the gentleman takes offence. '*Prendre la chèvre,* c'est se faire chèvre, avoir un caprice.' (Littré.)

l. 1130. *C'est avoir une vieille querelle;* play on the words. It is 'to have an old quarrel,' i. e. a quarrel about an old woman.

l. 1136. *Envira,* contracted for *enviera,* on account of the metre.

l. 1140. *J'en aurais raison,* I would bring him to his senses.

l. 1141. *Se tirer d'une affaire,* to get out of a quarrel.

l. 1142. *Eau vulnéraire,* lotion applied to wounds, bruises.

l. 1143. ... *Que vous ayez du cœur;* modern edition *que vous avez du cœur.*

Scène XIII.

P. 65, l. 1155. *Un fûté matois,* a sly rogue. *Fûté,* one who has experience, has suffered : in Old Fr., one who has been beaten with a *fût* or stick. The etymology of *matois* is unknown.

'Tu es li plus *fustetz,* li plus deshonorés.'
(Girard de Rossillon.)

l. 1157. *Tant va la cruche à l'eau (qu'enfin elle se brise).* Proverbial expression.

'Regnard, le premier de nos poètes comiques après Molière..... Si Regnard amuse, il n'instruit pas, bien loin de corriger. Il a une verve admirable, et peu de nerf; beaucoup de naturel, et point de vérité: il arrive au plaisant dans les caractères par la charge, et dans le dialogue par des saillies où la gaieté va trop souvent jusqu'au bouffon. Mais quelle aisance et quel mouvement! Il fait rire, c'est bien quelque chose; c'est tout pour lui, et ce n'est pas assez pour le spectateur, qui n'est pas fâché de trouver parmi le rire une leçon morale et des caractères fortement tracés. Boileau avait raison de dire que Regnard n'est pas médiocrement plaisant, et de limiter ainsi l'éloge d'un poète qui ne nous montre guère que des fripons et des extravagants.' (Géruzez.)

ACTE IV.

Scène I.

P 66, l. 1167. *Aveuglement,* blindness; *aveuglément,* blindly.

l. 1171. *Malins;* here, unfavourable, adverse. 'Telles sont les malignes qualités de la volonté humaine.' (Bourdaloue.)

l. 1174. *Je vois,* etc. Comp. Ovid :—
'Video meliora, proboque;
Deteriora sequor ....'

P. 67, l. 1183. *Prend pour argent comptant,* etc.: comp. Molière, L'Avare, act. ii. sc. 1, the enumeration of the 'vieux rogatons' which Cléante is obliged to take in part payment of 15,000 francs. Also the following extract from Boisrobert's comedy La Belle Plaideuse (1652):—

> '*Philipin.*   Il n'a que mille écus
>   Qu'il donne argent comptant.
> *Ergaste.*   Où donc est le surplus?
> *Philipin.* Je ne sais si je puis vous le conter sans rire;
>   Il dit que du cap Verd il lui vient un navire,
>   Et fournit le surplus de la somme en guenons,
>   En fort beaux perroquets, en douze gros canons,
>   Moitié fer, moitié fonte, et qu'on vend à la livre.
>   Si vous voulez ainsi la somme, on vous la livre.'

l. 1192. *Des diamants du Temple*, false diamonds, sold at the Temple, a district in Paris where dealers in left-off clothes used to congregate.

l. 1193. *Tant que* = jusqu'à ce que.

l. 1196. *Ses terres en décret, et son lit à l'encan*, his estates seized and his bed put up for auction. 'Louis XIII avait voulu que mon père achetât cette terre (La Ferté-Vidame) depuis longtemps *en decret*' (Saint-Simon), lit. against which a *decree* or writ had been issued. *Encan*, O. F. *encant*, *en quant*, originally *inquant*, from the Lat. *in quantum.* Compare Bourdaloue:—

'Voici ce qui me parait bien déplorable dans la conduite du siècle: on n'entend parler que de calamités et misères; il semble que le ciel irrité ait fait descendre tous ses fléaux sur la terre pour la désoler; chacun tient le même langage, et ce ne sont partout que plaintes et que lamentations. Mais voyez l'insoutenable contradiction: au milieu de ces lamentations et de ces plaintes, tant de jeux ont-ils cessé? tant de mondains et tant de mondaines se sont-ils retranchés sur le jeu, en ont-ils plus mesuré leur jeu, se sont-ils réduits à un moindre jeu? En vérité, mes chers auditeurs, n'est-ce pas insulter à l'infortune publique? n'est-ce pas faire outrage à la religion que vous professez? n'est-ce pas allumer tout de nouveau la colère du ciel? Vous me répondez que vous vous retranchez en effet; mais par où commencez vous ce retranchement? Est-ce par le jeu? Non sans doute. Mais par où, encore une fois? Par le pain que devraient recevoir de vous ceux que la famine dévore. Par où? Par les besoins domestiques d'une maison où tout manque, afin que votre jeu ne manque pas.'

l. 1201. *Certain docteur* . . .; the original edit. has *quelque docteur.*

Scène II.

l. 1206. *Soufflant* = essoufflé, out of breath.

P. 68, l. 1210. *Je suis de contrebande*, I am in the way. 'C'est un *homme de contrebande*, un homme qui déplaît, ou inspire de la défiance.' (Littré.) 'Je vois que cette maman mignonne n'est pas de contrebande avec vous.' (Madame de Sévigné.)

l. 1220. *Il s'en donne*, he enjoys himself.

P. 69, l. 1234. *Et d'estoc et de taille*, thrust and cut. *Estoc*, originally a stick, and then a sword. It. *stocco*. 'Férir de pointe, que les Franczeis appellent férir d'estoc.' (Jean de Meung.)

Scène VII.

P. 71, l. 1263. *Ô contre-temps fâcheux,* troublesome circumstance.

P. 72, l. 1284. *Me résoudre d'aimer.* Although *se résoudre,* now, is generally used with the preposition *à,* yet the best writers of the seventeenth century make it govern *de.*

. 'La haine que pour vous *il se résout* d'avoir.'
(Molière, Don Garcie de Navarre, ii. 6.)

Scène IX.

P. 73, l. 1309. *Si vous ne battez … la chamade,* if you do not surrender; lit. if you do not beat the drum to announce that you capitulate. It. *chiamata,* from *chiamare,* Lat. *clamare.*

l. 1312. *J'ai serré le bouton,* I have pressed (Valère) closely; I have threatened him.

'Je suis homme pour serrer le bouton à qui que ce puisse être.'
(Molière, George Dandin, i. 4.)

P. 74, l. 1318. *Je suis vert,* I am a man of energy.

l. 1330. *Bureau du pied-fourché,* office where the duty is paid on cattle (*pied-fourché,* cloven hoof.) *Chair morte,* meat.

l. 1336. *Poitevin.* Comp. the following passage from La Bruyère:—
'J'entends dire des *Sannions*: même nom, mêmes armes; la branche aînée, la branche cadette, les cadets de la seconde branche; ceux-là portent les armes pleines (*celles qui n'ont aucune brisure, aucun mélange*), ceux-ci brisent d'un lambel (*c'est une tringle à trois pendants qui brise horizontalement l'écu*), et les autres, d'une bordure dentelée (*brisure en forme de ceinture, environnant l'écu*). Ils ont, avec les *Bourbons,* sur une même couleur, un même métail [archaic for *métal*]; ils portent, comme eux, deux et une; ce ne sont pas des fleurs de lis, mais ils s'en consolent; peut-être dans leur cœur trouvent ils leurs pièces aussi honorables, et ils les ont communes avec des grands seigneurs qui en sont contents. On les voit sur les litres (*bandes noires tendues autour des églises, à l'enterrement des seigneurs*) et sur les vitrages, sur la porte de leur château, sur le pilier de leur haute justice, où ils viennent de faire pendre un homme qui méritait le bannissement; elles s'offrent aux yeux de toutes parts; elles sont sur les meubles et sur les serrures; elles sont semées sur les carrosses; leurs livrées ne déshonorent point leurs armoiries. Je dirais volontiers aux *Sannions*: votre folie est prématurée, attendez du moins que le siècle s'achève sur votre race; ceux qui ont vu votre grand-père, qui lui ont parlé, sont vieux, et ne sauraient plus vivre longtemps. Qui pourra dire comme eux: Là il étalait, et vendait très cher?'

P. 75, l. 1342. *S'il est de Reims, du Clos, ou bien de la Montagne,* Reims (L. *Durocortorum,* then *Remi*), the capital of the province of Champagne.

l. 1343. *Livres de droit,* law books.

l. 1344. *Concassé,* pounded in a mortar. 'Voltaire qui, dans un de ses poèmes, dit que:—

"Notre ami Bonneau
Suivait toujours l'usage antique et beau
Très sagement établi par nos pères
D'avoir sur soi les choses nécessaires,
Muscade, clou, poivre, girofle et sel."

Ajoute en note : "c'est ce qu'on appelait autrefois *cuisine de poche*, et cite ce vers de Regnard sans nommer ni l'auteur, ni la pièce."' (Beuchot.)

l. 1347. *Ce croquant*, that worthless fellow. Etymology uncertain. We find *croquart* in Froissart : ' Ce *croquart* chevauchoit une fois un jeune coursier.' M. Chéruel (Dictionnaire Historique) says : 'Les *croquants* tiraient leur nom de la petite ville de Crocq (département de la Creuse, arrondissement d'Aubusson). C'étaient des paysans qui se révoltèrent, en 1592, à l'occasion des impôts qui écrasaient leur pays. Ils furent vaincus en 1596 par le gouverneur du Limousin. Le nom de *croquant* fut pendant longtemps une épithète injurieuse.'

l. 1345. *Tout mon apanage*, my sole inheritance (lit. means of living, from the Lat. *ad, panis*). The Provençal language has the verb *apanar*, to feed.

Scène X.

P. 76, l. 1388. *Fait à peindre*, handsome enough to form the subject of a picture.

l. 1397. *Les yeux à fleur de tête*, lit. on a level with the head. Germ. *flur*. 'Le visage plein, les yeux *à fleur de tête*.' (J. J. Rousseau, Confessions.)

l. 1398. *Trouvas-tu de cruelles?* 'Jamais surintendant trouva-t-il de cruelles?' (Boileau.)

l. 1399. *Près du sexe . . . .*; 'Veni, vidi, vici.'

l. 1400. *Saute, marquis!* Comp. Molière :—

'Parbleu, je ne vois pas, lorsque je m'examine,
Où prendre aucun sujet d'avoir l'âme chagrine.
J'ai du bien, je suis jeune, et sors d'une maison
Qui se peut dire noble avec quelque raison ;
Et je crois par le rang que me donne ma race,
Qu'il est fort peu d'emplois dont je ne sois en passe.
Pour le cœur, dont surtout nous devons faire cas,
On sait, sans vanité, que je n'en manque pas,
Et l'on m'a vu pousser, dans le monde, une affaire
D'une assez vigoureuse et gaillarde manière.
Pour de l'esprit, j'en ai, sans doute ; et du bon goût,
À juger sans étude, et raisonner de tout ;
À faire aux nouveautés, dont je suis idolâtre,
Figure de savant sur les bancs du théâtre . . . .
Je suis assez adroit, j'ai bon air, bonne mine,
Les dents belles surtout, et la taille fort fine.
Quant à se mettre bien, je crois, sans me flatter,

Qu'on serait mal venu de me le disputer.
Je me vois dans l'estime, autant qu'on y puisse être,
Fort aimé du beau sexe, et bien auprès du maître.
Je crois qu'avec cela, mon cher marquis, je croi,
Qu'on peut, par tout pays, être content de soi.'
(Le Misanthrope, iii. 1.)

Scène XI.

P. 77, l. 1403. *Je veux repasser,* I wish to practise, to rehearse.

Scène XII.

ll. 1414, 15. *Est volé d'un Gascon ... Il vient de la Garonne,* these antics are worthy of a flighty man, such as the Gascons are. The Gascons were universally considered as boasters and fond of bragging. Hence the proverb :—

‘Garde d'un Gascon ou Normand ;
L'un hâble trop, et l'autre ment.’

Gasconnade, ‘langage de Gascon, fanfaronnade, vanterie outrée.’ (Littré.)

Scène XIII.

P. 78, l. 1420. *D'un premier pris,* expression used in the game of *lansquenet.*

l. 1424. *Tes vœux sont comblés.* A parody of the following lines :—
‘Oui, je te loue, ô ciel, de ta persévérance . . . .
J'é ais né pour servir d'exemple à ta colère.
Pour être du malheur un modèle accompli :
En bien, je meurs content, et mon sort est rempli !’
(Racine, Andromaque, v. 5.)

l. 1426. *Il est sec,* he has lost his money.

l. 1431. *Perdre tous les partis.* ‘Dans toutes les éditions modernes on lit *paris,* mais c'est une faute; on peut voir le dictionnaire de l'Académie, au mot *parti.*’ (Beugnot.)

l. 1432. *Vingt fois le coupe-gorge* ... Another gambling expression.

l. 1436. *Que pour mieux m'étouffer.* Comp. Racine :—
‘J'embrasse mon rival, mais c'est pour l'étouffer.’
(Britannicus, iv. 3.)

l. 1440. *Un licou,* a halter. (Etym. *lier, cou.*)

P. 80, l. 1458. *Du mépris des richesses.* ‘Il n'existe pas de traité de Sénèque sous ce titre. Regnard attribue à ce chapitre imaginaire plusieurs des idées habituellement développées dans les ouvrages du philosophe.’ (Merlet.)

Sénèque. Lucius Annaeus Seneca, 3 65 A.D. well known as a philosopher, and as the tutor of Nero.

l. 1470. *Rémoras,* obstacles. ‘La dame d'atours était toujours *le rémora.*’ (Saint-Simon.)

l. 1481. *Ce Sénèque,* etc. ‘Il y a même de ces mots heureux pris bien avant dans l'esprit humain.

"Ce Sénèque, Monsieur, est un excellent homme,
  Était-il de Paris ?

                        Non, il était de Rome,"
répond le Joueur désespéré, qui ne songe à rien moins qu'à ce qu'il
dit ; et tout de suite il s'écrie avec rage :—
      "Dix fois à carte triple être pris le premier !"
Ce dialogue est la nature même : le poète, qui était joueur, n'a eu de
ces mots-là que dans la peinture d'un caractère qui est le sien.'
(La Harpe.)
   P. 81, l. 1490. *Frénétique,* frenzied, mad.
   We quote two more passages in illustration of the passion for
gambling which prevailed in French high life during the reign of
Louis XIV.
   'Mille gens se ruinent au jeu, et vous disent froidement qu'ils ne
sauraient se passer de jouer : quelle excuse ! Y a-t-il une passion, quelque
violente ou honteuse qu'elle soit, qui ne pût tenir le même langage ?
Serait-on reçu à dire qu'on ne peut se passer de voler, d'assassiner, de se
précipiter ? Un jeu effroyable, continuel, sans retenue, sans bornes, où
l'on n'a en vue que la ruine totale de son adversaire, où l'on est
transporté du désir du gain, désespéré sur la perte, consumé par l'avarice ;
où l'on expose sur une carte ou à la fortune du dé la sienne propre, celle
de sa femme et de ses enfants, est-ce une choses qui soit permise, ou dont
l'on doive se passer ? Ne faut-il pas quelquefois se faire une plus grande
violence lorsque, poussé par le jeu jusqu'à une déroute universelle, il faut
même que l'on se passe d'habits et de nourriture, et de les fournir à sa
famille ?
   'Je ne permets à personne d'être fripon ; mais je permets à un fripon
de jouer un grand jeu : je le défends à un honnête homme.' (La
Bruyère, Des Biens de Fortune.)
   'Quel spectacle de voir un cercle de gens occupés d'un jeu qui les
possède, et qui seul est le sujet de toutes les réflexions de leur esprit et de
tous les désirs de leur cœur ! Quels regards fixes et immobiles, quelle
attention ! Il ne faut pas un moment les troubler, pas une fois les inter-
rompre, surtout si l'envie du gain s'y mêle. Or, elle y entre presque
toujours. De quels mouvements divers l'âme est-elle agitée, selon les
divers caprices du hasard ! De là les dépits secrets et les mélancolies ;
de là les aigreurs et les chagrins ; de là les désolations et les désespoirs,
les colères et les transports, les blasphèmes et les imprécations. Je
n'ignore pas ce que la politesse du siècle vous a là-dessus appris ; que,
sous un froid affecté et sous un air de dégagement et de liberté prétendue,
elle vous enseigne à cacher tous ces sentiments et à les déguiser ; qu'en
cela consiste un des premiers mérites du jeu, et que c'est ce qui en fait la
plus belle réputation. Mais si le visage est serein, l'orage en est-il moins
violent dans le cœur ? et n'est-ce pas alors une double peine que de la
ressentir tout entière au dedans, et d'être obligé, par je ne sais quel
honneur, de la dissimuler au dehors ? Voilà donc ce que le monde appelle
divertissement, mais ce que j'appelle, moi, passion, et une des plus tyran-
niques et des plus criminelles passions. Et de bonne foi, mes chers

auditeurs, pouvez-vous vous persuader que Dieu l'ait ainsi entendu, quand il vous a permis certains délassements? Lui, qui est la raison même, peut-il approuver un jeu qui blesse toute la raison ; et lui, qui est la règle par essence, peut-il vous permettre un jeu où tout est déréglé ? Il vaut mieux jouer, dites-vous, que de parler du prochain, que de former des intrigues, que d'abandonner son esprit à des idées dangereuses : beau prétexte, à quoi je réponds qu'il ne faut ni parler du prochain, ni former des intrigues, ni donner entrée dans votre esprit à des idées sensuelles, ni jouer sans mesure et à l'excès, comme vous faites. Quand votre vie serait exempte de tous les autres désordres, ce serait toujours assez de celui-ci pour vous condamner.' (Bourdaloue.)

Scène XV.

P. 83, l. 1531. *D'être mémoratif*, to remember. Obsolete. ' *Mémoratifs* des mœurs de leurs pères.' (Montaigne.)

l. 1532. *Rébarbatif*, cross, severe (etym. *rebarbe*, an expression used in the sixteenth century with the same meaning as *rébarbatif*); 'rude, repoussant, comme un visage à barbe hérissée.' (Littré.)

ACTE V.

Scène II.

P. 85, l. 1576. *À gagner ses dépens*, to pay one's expenses.
        'Arrêt enfin ; je perds ma cause *avec dépens*.'
                        (Racine, Les Plaideurs, i. 7);
I lose my suit, and am condemned to pay the costs.

P. 86, l. 1580. *Poulet*, a note, a love-letter. Many attempts have been made to account for the meaning of love-letter applied to the substantive *poulet*. Furetière says that the note when folded in a triangular shape represents roughly the wings of a chicken, and M. Littré is inclined to adopt this explanation, from the fact that Molière describes a love-letter as *cachetée en poulet*.

l. 1582. *Brocante*, deals in second-hand goods. Etymology uncertain. *Troque*, barters (Sp. *trocar*).

l. 1583. *Embauché*, begun. We should say now *ébauché; embaucher* means to hire, seduce. (Etym. *en, bauche = bauge*, a lair.)

l. 1590. *Filous*, pick-pockets (from *filer*) ; see Littré's Dict.

l. 1595. *Pour certaine chanteuse*, they say that he is fond of a certain professional singer. *Chanteuse* is rather contemptuous, and means a person of no particular talent : *cantatrice* implies decided artistic qualities. *En tenir*, to be smitten with.
        'Laquais, me regarde-t-elle ?—oui dà, monsieur—*elle en tient*.'
                        (Comédie des Chansons.)

Scène IV.

P. 88, l. 1616. *Je le suis du déluge*, I am so from the time of the flood.

l. 1623. *Je ne sais ce que c'est*, I don't know what that thing is; contemptuously for *je ne sais qui elle est*, and also on account of the metre.

P. 89, l. 1630. *Ma mie;* should be *mamie*, contraction for *ma amie*.

l. 1631. *Voici le grand merci*, that's the thanks one gets ‘Goûtez bien cela; il est de Léandre, et ne me coûte qu'*un grand merci*.' (La Bruyère.)

l. 1633. *Baste*, I say! (It. *basta*, from *bastare*, to suffice.)

l. 1635. *Je grille*, lit. I am on a gridiron; Eng. I am on thorns. *Au Châtelet*, a prison in Paris.

l. 1639. *Huissier à verge*, usher (from *huis*, a door; L. *ostium*) bearing a rod; a kind of inferior police-officer.

'Je m'appelle Loyal, natif de Normandie;
Et suis *huissier à verge*, en dépit de l'envie.'
(Molière, Tartuffe, v. 4.

l. 1643. *Un marquis exploitant*, a marquis serving writs (*exploits*, *exploiter*, from the L. *explicitare*, frequentative of *explicare*).

P. 90, l. 1646. *En guêtres par le coche*, with gaiters on (as a mere rustic), by the coach: *coche*, archaism; now *diligence*.

'La province souvent *en guêtres* nous envoie.'
(Boileau, Sat. x.)

Scène VI.

P. 91, l. 1668. *Vous auriez, par ma foi* . . . This line is a satire on the state of the French nobility towards the end of the reign of Louis XIV. In the passage we have previously quoted from La Bruyère, allusion is already made to the low origin of many *soi-disant* noblemen; the king being sorely pressed for money, sold patents of nobility on a large scale, and the *traitants* (farmers of the taxes) thus rose into consequence. 'Louis XIV,' says a French writer, 'en 1696 (the very year when Le Joueur was first performed), ayant créé cinq cents nobles dans le royaume, les Normands, comme beaucoup d'autres, obtinrent des lettres de noblesse pour 2,000 écus. Les édits de mai 1702 et de décembre 1711 en établirent encore chacun cent nouveaux.'

l. 1669. *Traitants.* 'Ce nom leur fut donné, parcequ'une partie des impôts portait le nom de *traites*, ou, selon d'autres, à cause du traité qu'ils avaient fait avec les fermiers-généraux.' (Chéruel.)

l. 1671. *Un pied-plat*, a contemptible person; a man whose feet seem flat, because he has no high heels to his shoes, as a person of rank and importance would wear.

l. 1672. *Mandille* (= *mantille*), a kind of short cloak which servants used to wear.

'Et l'eût-on vu porter la mandille à Paris . . .'
(Boileau, Satire v.)

l. 1674. *Me rompre en visière*, attack one openly; lit. strike me (with his spear) on the visor.

l. 1678. *De rencontre*, second-hand.

l. 1686. *Aurais-je la berlue?* can my sight have become dim? (Lat. *bis, lucere*.)

P. 92, l. 1690. *Mise en presse*, pawned. ' Mettre en presse, mettre à la presse = mettre en gage.' (Littré.)

P. 93, l. 1706. *À beaux deniers comptants*, for ready money.

Scène VII.

P. 96, l. 1758. *Nous voilà bien achevés de peindre*, we are done, finished off.

l. 1759. *Carogne*, wretch, lit. carrion ; from *chair*.

Scène VIII.

P. 97, l. 1779. *À vous en parler net*, to speak plainly.

l. 1780. *N'était . . . point du tout votre fait*, was not at all the thing for you.

l. 1783. *Vous ne prendrez qu'un rat*, you will catch nothing worth the trouble.

P. 98, l. 1795. *Pour avoir mis*, because we unwittingly put out this lady's likeness to board.

l. 1804. *Ma malédiction.* ' Malgré plusieurs scènes, en leur genre, supérieures, l'ensemble de la comédie nous laisse froids ; on y cherche vainement l'accent d'une émotion forte, et *jusqu'à je vous hais*, tout s'y dit avec calme. Harpagon, car il faut se résigner à se rappeler sans cesse Molière à propos de Regnard—Harpagon étouffe quand il maudit Cléante. Dans *le Joueur*, Géronte débite sa petite malédiction, puisqu' enfin sa dignité de père y est engagée ; puis il part comme il était venu, et il est clair qu'il fera ce même jour ses quatre repas sans danger d'apoplexie.' (Weiss.)

Scène X.

P. 99, l. 1814. *tison*, brand (Lat. *titio*). *Fesse-mathieu*, usurer ; corrupted from *face de Saint Mathieu*.

Scène XII.

P. 100, l. 1820. *Des pertes de l'amour.* ' Je m'étais dit d'abord ; cette fin n'est pas naturelle ; puisque Angélique aime réellement Valère, elle doit l'épouser malgré son défaut, et lui, il continuera de jouer, sauf à la rendre malheureuse ; ainsi les deux passions auront leur satisfaction et atteindront leur fin. Mais une femme me fait remarquer qu'à ce dénoûment du *Joueur*, lorsque Angélique a trouvé son portrait aux mains de la ravaudeuse, il y a quelque chose dans son âme qui domine à bon droit l'amour, c'est l'amour-propre. Elle aime Valère, mais en aimant elle souffrira, et ne l'épousera point. Voilà ce qu'il y a de plus naturel chez une femme, et Regnard l'a trouvé.' (Sainte-Beuve.)

LE GRONDEUR .

COMÉDIE

EN TROIS ACTES ET EN PROSE

Répresentée pour la première fois le 3 Fevrier 1691.

INTRODUCTION.

THE charming comedietta which Brueys and Palaprat wrote together under the above title has always been considered by the best judges as a gem in its way. 'Dix volumes de controverse,' says Voltaire, 'qu'il (Brueys) a faits auraient laissé son nom dans l'oubli; mais la petite comédie du " Grondeur," supérieure à toutes les farces de Molière, et celle de "l'Avocat Patelin," ancien monument de naïveté Gauloise qu'il rejeunit, le feront connaître tant qu'il y aura en France un théâtre. Palaprat l'aida dans ces deux jolies pièces : ce sont les seuls ouvrages de génie que deux auteurs aient composés ensemble.'

The judgment of so excellent a critic as the author of 'Le Siècle de Louis XIV' sufficiently warrants our selecting 'Le Grondeur' to form part of this series of French classics. The text is printed from the edition published by Messrs. Didot (Chefs-d'œuvre des Poëtes comiques, 12mo. vol. 5, Paris), and the notes, like those which illustrate 'Le Joueur,' are taken from the best commentators.

GUSTAVE MASSON.

NOTICE BIOGRAPHIQUE

SUR

BRUEYS ET PALAPRAT.

DAVID AUGUSTIN DE BRUEYS naquit à Aix en Provence en 1640. JEAN PALAPRAT naquit à Toulouse en 1650.

Ces deux auteurs ont donné, les premiers, l'exemple des collaborations aujourd'hui passées en usage pour les ouvrages
5 dramatiques. Brueys fut élevé dans la religion protestante. Ses études achevées, il se fit recevoir avocat et se maria bientôt après ; puis, fatigué du barreau, il abandonna la jurisprudence pour la théologie, et publia une réponse à l'Exposition de la doctrine de l'Église, par Bossuet. Le prélat aima
10 mieux convertir son jeune antagoniste que de lui répliquer ; il l'entreprit et en vint à bout. Brueys abjura, et, à la mort de sa femme, il prit l'habit ecclésiastique pour travailler par ordre de Louis XIV à l'instruction des autres néophytes. Mais l'abbé Brueys, qui avait toujours eu un goût très-vif
15 pour le théâtre, et qui l'avait beaucoup fréquenté, malgré ses travaux et sa tonsure, voulut devenir auteur comique. L'embarras était d'exercer cette profession peu canonique sans compromettre les bienséances de son état : Palaprat vint à son secours en lui proposant de composer en commun des
20 comédies qu'il se chargerait seul de faire représenter.

Palaprat avait fait de bonnes études et s'était aussi destiné au barreau ; il fut, à vingt-cinq ans, élevé aux honneurs du capitoulat dans sa ville natale ; mais ses dignités n'eurent pas le pouvoir de le retenir dans sa patrie : il voyagea en Italie, et
25 la fameuse reine Christine essaya vainement de le retenir auprès d'elle à Rome. Étant venu à Paris, il se lia avec

Brueys, et contracta l'association dramatique qui le fit connaître.

Si Brueys gardait l'anonyme dans les comédies de l'association, en revanche il avait la plus grande part de la besogne.
Palaprat se bornait, pour ainsi dire, aux démarches que l'abbé 5
ne pouvait faire; mais auteur et *G*ascon, il trouvait, grâce au
mystère, un moyen de dédommager sa vanité; et bientôt le
véritable auteur, se trouvant mieux caché qu'il n'aurait voulu
l'être, fut obligé de réclamer sa part dans la propriété litté-
raire. 10

Le Grondeur, le Muet, imitation de l'*Eunuque* de Térence, et
l'*Avocat Patelin* sont les meilleures·productions de la colla-
horation de Brueys et de Palaprat. Cette dernière pièce
avait été faite en 1700, pour être représentée devant le roi
dans l'appartement de madame Maintenon; mais la guerre 15
d'Espagne empêcha l'exécution de ce projet; elle ne fut représentée que six ans après. Le sujet est tiré d'une ancienne
pièce comique qu'on jouait du temps de Charles VIII. Elle
est restée au théâtre.

Deux autres pièces appartiennent encore à la collaboration 20
des deux auteurs, *le Concert ridicule* et *le Secret révélé ;* mais
l'*Important* et l'*Opiniâtre* sont entièrement de Brueys, et *le
Ballet extravagant* est de Palaprat seul.

Brueys mourut à Montpellier en 1723, âgé de quatre-vingt-
trois ans, deux ans après Palaprat. On trouva dans les papiers 25
de Palaprat une pièce intitulée *la Force du sang* ou *le Sot
toujours sot.* La veuve de Palaprat la fit recevoir à la Comédie
Française; mais la Comédie Italienne était déjà nantie du
manuscrit donné par Brueys. Le lieutenant de police, n'ayant
pu concilier les comédiens qui se disputaient l'œuvre posthume, 30
ordonna que l'ouvrage serait joué le même jour sur les deux
théâtres, et qu'il resterait à celui qui aurait eu le plus de
représentations. Le théâtre Italien eut l'avantage.

AVERTISSEMENT.

Le Grondeur doit être mis fort au-dessus de *l'Avocat Patelin*: il est vrai que le troisième acte, qui est tout entier du genre de la farce, ne vaut pas, à beaucoup près, celle de *Patelin*; mais les deux premiers sont bien faits, et il y a ici un caractère
5 parfaitement dessiné, soutenu d'un bout à l'autre et toujours en situation, celui de M. Grichard. La pièce fut mal reçue dans sa nouveauté; mais le temps en a décidé le succès, et on la regarde aujourd'hui comme une de nos petites pièces qui ont le plus de mérite et d'agrément.

LA HARPE.

LE GRONDEUR,

PERSONNAGES.

M. GRICHARD, médecin.

TÉRIGNAN, fils de M. Grichard, amant de Clarice,

HORTENSE, fille de M. Grichard.

ARISTE, frère de M. Grichard.

MONDOR, amant d'Hortense.

CLARICE, amante de Térignan.

BRILLON, fils de M. Grichard.

M. MAMURRA, précepteur de Brillon.

FADEL, niais.

LOLIVE, valet de M. Grichard.

Un laquais de M. Grichard.

Un prévot de maître à danser.

La scène est chez M. Grichard.

ACTE I.

SCÈNE PREMIÈRE.

TÉRIGNAN, HORTENSE.

Térignan.

Mais, ma sœur, pourquoi ce retardement?

Hortense.

Nous le saurons quand mon père reviendra de la ville.

Térignan.

Il faudrait le savoir plus tôt.

K 2

Hortense.

Vous avez envoyé Lolive chez mon oncle, et moi Catau chez Clarice, pour s'en informer; ils seront bientôt ici.

Térignan.

Qu'ils tardent à venir, et que je souffre dans l'incertitude où je suis !

Hortense.

5   Voici déjà Catau.

SCÈNE II.

TÉRIGNAN, HORTENSE, CATAU.

Térignan.

Eh bien ! qu'as-tu appris chez Clarice ?

Catau.

Monsieur de Saint-Alvar son père était sorti, et Clarice n'était pas encore levée. Mais . . .

Hortense.

Quoi? mais.

Catau.

10   Ne connaissez-vous pas à mon air que je vous apporte de bonnes nouvelles ?

Hortense.

Et quelles ?

Catau.

Vous serez mariés ce soir l'un et l'autre. La maison de monsieur de Saint-Alvar est toujours remplie de préparatifs 15 qu'on y fait pour vos noces.

Hortense.

Je vous le disais bien, mon frère.

Térignan.

Je ne serai point en repos que je ne sache la raison du retardement d'hier au soir, de la propre bouche de mon père.

Hortense.

Va donc voir s'il est revenu.

Catau.

20   Bon! revenu; et ne l'entendrions-nous pas, s'il était au

logis? Cesse-t-il de crier, de gronder, de tempêter, tant qu'il
y est? et les voisins eux-mêmes ne s'aperçoivent-ils pas quand
il entre ou quand il sort?

Hortense.

Au moins seconde-nous bien aujourd'hui: quoi qu'il fasse,
nous avons résolu de le contenter. 5

Catau.

De le contenter? ma foi, il faudrait être bien fin: avouez
que c'est un terrible mortel que monsieur votre père.

Hortense.

Nous sommes obligés de le souffrir tel qu'il est.

Catau.

Les valets et les servantes qui entrent céans n'y demeurent
tout au plus que cinq ou six jours. Quand nous avons besoin 10
d'un domestique, il ne faut pas songer à le trouver dans le
quartier, ni même dans la ville; il faut l'envoyer quérir en un
pays où l'on n'ait point ouï parler de monsieur Grichard le
médecin. Le petit Brillon votre frère, qu'il aime à la rage, a
changé de précepteur trois fois dans ce mois-ci, parce qu'ils 15
ne le châtiaient pas à sa fantaisie. Moi-même je serais déjà
bien loin, si l'affection que j'ai pour vous... Mais voici
Lolive.

SCÈNE III.

TÉRIGNAN, HORTENSE, LOLIVE, CATAU.

Térignan.

Eh bien! que t'a dit mon oncle?

Lolive.

Monsieur, d'abord il m'a demandé si monsieur votre père,
à qui il m'a donné, était bien content de moi. Je lui ai 20
répondu que je n'étais pas trop content de lui, et que depuis
deux jours que je le sers il ne m'a pas été possible...

Térignan.

Et laisse tout cela, et me dis seulement s'il n'a point su
pourquoi mon mariage avec Clarice a été différé.

Hortense.

Et s'il n'a rien appris de nouveau sur le mien avec Mondor.

Lolive.

C'est à quoi je voulais venir.

Catau.

Eh! viens-y donc.

Lolive.

Dans le moment que je m'informais de vos affaires, le père
5 de Clarice est entré, et il n'a pas eu le temps de me parler.

Térignan.

Tu n'as donc rien appris?

Lolive.

Pardonnez-moi, monsieur.

Hortense.

C'est donc en écoutant ce qu'ils ont dit?

Lolive.

Oui, mademoiselle.

Catau.

10   Et de quoi se sont-ils entretenus?

Lolive.

Je vais vous le dire. Ils se sont retirés à l'écart, ils m'ont
fait signe de m'éloigner, ils ont parlé tout bas, et je n'ai rien
entendu.

Catau.

Te voilà bien instruit.

Lolive.

15   Mieux que tu ne penses.

Térignan.

Mais à ce compte-là tu ne peux rien savoir.

Lolive.

Pardonnez-moi, monsieur.

Hortense.

Mon oncle te l'a donc dit, ou quelqu'autre, après que monsieur de Saint-Alvar a été sorti?

Lolive.

20   Pardonnez-moi, mademoiselle.

Catau.

Et comment diantre le sais-tu donc ?

Lolive.

Oh ! donne-toi patience. Vous ne connaissez pas encore tous mes talents : on se cache des valets quand on a quelque secret à dire ; et moi, depuis que je sers, je me suis fait une étude de deviner les gens.   5

Catau.

Peste de l'imbécile !

Lolive.

Oui ; et j'y ai si bien réussi, que lorsque deux personnes dont je sais les affaires discourent ensemble avec un peu d'action, je ne veux que les voir en face, et je gagerais à leurs gestes et à l'air de leur visage de vous rapporter mot pour mot ce qu'ils 10 on dit.

Catau.

Il est devenu fou.

Térignan.

Mais enfin que soupçonnes-tu ?

Lolive.

Que vos affaires ont changé de face.

Hortense.

À quoi l'as-tu reconnu ?   15

Lolive.

Premièrement, à ce que monsieur de Saint-Alvar n'a rien voulu dire devant moi à monsieur Ariste.

Térignan.

Ah ! ma sœur, il n'y a que trop d'apparence.

Lolive.

Je ne vous ai pas encore tout dit.

Hortense.

Sais-tu quelque chose de plus ?   20

Lolive.

Oh, que oui ! À peine le père de Clarice a ouvert la bouche, que voici comme votre oncle lui a répondu. Remarquez bien ceci.

(Il fait des actions d'un homme surpris et en colère.)

Catau.

Que diantre veux-tu dire ?

Lolive.

Quoi! tu ne le vois pas ? cela est pourtant plus clair que e jour, et monsieur m'entend bien assurément.

Térignan.

Je m'en doute assez.

Lolive.

5   Et mademoiselle aussi.

Hortense.

Je n'y comprends rien.

Lolive.

Je vais vous l'expliquer. Quand votre oncle faisait ainsi (*il refait les mêmes signes*), vous jugez bien qu'il était surpris, étonné, et en colère de ce que monsieur de Saint-Alvar venait
10 de lui dire : ces actions parlent d'elles-mêmes. Tenez, voyez si avec ces gestes-là il pouvait lui dire autre chose que ceci : Quoi! vous avez changé de sentiment ? que me dites-vous là ? est-il possible ?

Térignan.

Que disait à cela monsieur de Saint-Alvar ?

Lolive.

15   Voici ce qu'il lui répliquait. (*Action d'un homme qui fait des excuses.*)

Catau.

Et que veulent dire ces actions-là ?

Lolive.

Pour celles-là, elles sont équivoques.

Catau.

Point ; je les trouve aussi claires que les autres.

Lolive.

Explique les donc, pour voir.

Catau.

20   Eh! explique-les toi-même, puisque tu as commencé.

Lolive.

Cela peut signifier qu'il lui faisait des excuses d'avoir été obligé de changer de sentiment. Voyez : J'en suis bien fâché, je n'ai pu faire autrement; monsieur Grichard l'a voulu. Ou bien, cela pourrait encore signifier que l'absence de Mondor a été cause qu'on a différé vos mariages.

Catau.

Quoi! tu trouves tout cela dans ces gestes?

Lolive.

Je gagerais qu'il ne s'en faut pas une syllabe. 5

Catau.

C'est un fou, vous dis-je, cela ne peut être : Clarice est fille unique de monsieur de Saint-Alvar, qui est un riche gentil-homme, ami de votre père ; Mondor est un homme de qualité, dont le bien et le mérite répondent à la naissance. Vos mariages sont arrêtés depuis hier, la parole est donnée, les 10 contrats sont dressés, il n'y a qu'à signer. Il ne sait ce qu'il dit.

Lolive.

Je ne crois pourtant pas m'être trompé.

Catau.

Cependant tu n'as rien ouï.

Lolive.

Non; mais j'ai vu, et les actions des hommes sont moins 15 trompeuses que leurs paroles.

Térignan.

Je tremble qu'il ne dise vrai.

Catau.

Vous vous arrêtez à des visions; et moi je viens de voir des préparatifs de noces.

Lolive.

Et ce sont peut-être ces préparatifs qui ont rebuté mon- 20 sieur Grichard. Tu sais qu'il a une parfaite aversion pour tout ce qui s'appelle festin, bal, assemblée, divertissement, et enfin pour tout ce qui peut inspirer la joie.

•Hortense.

Quoi qu'il en soit, va faire exactement ce que mon père t'a commandé quand il est sorti, afin qu'à son retour il ne trouve 25 ici aucun sujet de se mettre en colère.

Catau.

Adieu, truchement de malheur, va faire des commentaires
sur les grimaces de notre singe.

SCÈNE IV.

TERIGNAN, HORTENSE, CATAU.

Térignan.

Ce que Lolive vient de nous dire redouble mes alarmes.

Catau.

Auriez-vous fait connaître à votre père que vous êtes
5 amoureux de Clarice?

Térignan.

Moi? non assurément: il me soupçonne au contraire
d'aimer Nérine, la fille d'un médecin qui n'est pas trop de ses
amis; et pour le laisser dans son erreur, lorsqu'il me proposa
hier la belle Clarice, je feignis de n'y consentir qu'à regret.

Catau.

10   Vous fîtes fort bien.

Hortense.

Il ignore aussi mes sentiments pour Mondor, et croit même
que je ne l'ai jamais vu, non plus que lui, à cause qu'il est
presque toujours à l'armée.

Catau.

Tant mieux: gardez-vous bien de lui faire connaître que
15 ces mariages vous plaisent; les esprits à rebours comme le
sien ne veulent jamais ce qu'on veut, et veulent toujours ce
qu'on ne veut pas.

Hortense.

On frappe, et même rudement; vois qui c'est.

Catau.

Ce sera sans doute votre père. Non, Dieu merci, c'est
20 monsieur Ariste.

SCÈNE V.

ARISTE, TÉRIGNAN, HORTENSE, CATAU.

Térignan.

Eh bien! mon oncle, comment vont nos affaires?

Ariste.

Fort mal.

Térignan.

Ah ciel!

Hortense.

Quoi! mon oncle?

Ariste.

Votre père me suit, retirez-vous, laissez-moi lui parler; je 5
veux tâcher de le ramener à la raison.

Térignan.

Serait-il possible?

Ariste.

Retirez-vous, vous dis-je, et m'attendez dans votre appartement; j'irai vous rendre compte de tout: et vite, il vient.

Catau.

Et tôt, retirons-nous; voici l'orage, la tempête, la grèle, le 10
tonnerre, et quelque chose de pis. Sauve qui peut.

SCÈNE VI.

M. GRICHARD, ARISTE, LOLIVE.

M. Grichard.

Bourreau, me feras-tu toujours frapper deux heures à la
porte?

Lolive.

Monsieur, je travaillais au jardin; au premier coup de
marteau j'ai couru si vite que je suis tombé en chemin.   15

M. Grichard.

Je voudrais que tu te fusses rompu le cou, double chien;
que ne laisses-tu la porte ouverte?

Lolive.

Eh! monsieur, vous me grondâtes hier à cause qu'elle l'était: quand elle est ouverte, vous vous fâchez; quand elle est fermée, vous vous fâchez aussi: je ne sais plus comment faire.

M. Grichard.

5　Comment faire!

Ariste.

Mon frère, voulez-vous bien . . .

M. Grichard.

Oh! donnez-vous patience.　Comment faire, coquin!

Ariste

(*à part*).

Eh! mon frère, laissez là ce valet, et souffrez que je vous parle de . . .

M. Grichard.

10　Monsieur mon frère, quand vous grondez vos valets, on vous les laisse gronder en repos.

Ariste.

Il faut lui laisser passer sa fougue.

M. Grichard.

Comment faire, infâme!

Lolive.　　　　　　　　　　.

Oh çà, monsieur, quand vous serez sorti, voulez-vous que 15 je laisse la porte ouverte?

M. Grichard.

Non.

Lolive.

Voulez-vous que je la tienne fermée?

M. Grichard.

Non.

Lolive.

Si faut-il, monsieur . . .

M. Grichard.

20　Encore? tu raisonneras, ivrogne?

Ariste.

Il me semble après tout, mon frère, qu'il ne raisonne pas mal; et l'on doit être bien aise d'avoir un valet raisonnable.

M. Grichard.

Et il me semble à moi, monsieur mon frère, que vous raisonnez fort mal.   Oui, l'on doit être bien aise d'avoir un valet raisonnable, mais non pas un valet raisonneur.

Lolive.

Morbleu! j'enrage d'avoir raison.

M. Grichard.

Te tairas-tu?   5

Lolive.

Monsieur, je me ferais hacher; il faut qu'une porte soit ouverte ou fermée : choisissez ; comment la voulez-vous?

M. Grichard.

Je te l'ai dit mille fois, coquin. Je la veux ... je la ... Mais voyez ce maraud-là ! est-ce à un valet à me venir faire des questions?   Si je te prends, traître, je te montrerai bien 10 comment je la veux.   Vous riez, je pense, monsieur le juris-consulte ?

Ariste.

Moi? point. Je sais que les valets ne font jamais les choses comme on leur dit.

M. Grichard.

Vous m'avez pourtant donné ce coquin-là.   15

Ariste.

Je croyais bien faire.

M. Grichard.

Oh! je croyais.   Sachez, monsieur le rieur, que je croyais n'est pas le langage d'un homme bien sensé.

Ariste.

Et laissons cela, mon frère, et permettez que je vous parle d'une affaire plus importante, dont je serais bien aise ...   20

M. Grichard.

Non, je veux auparavant vous faire voir à vous-même com-ment je suis servi par ce pendard-là, afin que vous ne veniez pas après me dire que je me fâche sans sujet. Vous allez voir, vous allez voir.   As-tu balayé l'escalier?

Lolive.

Oui, monsieur, depuis le haut jusqu'en bas.   25

M. Grichard.

Et la cour ?

Lolive.

Si vous y trouvez une ordure comme cela, je veux perdre mes gages.

M. Grichard.

Tu n'as pas fait boire la mule ?

Lolive.

5 Ah ! monsieur, demandez-le aux voisins qui m'ont vu passer.

M. Grichard.

Lui as-tu donné l'avoine ?

Lolive.

Oui, monsieur, Guillaume y était présent.

M. Grichard.

Mais tu n'as point porté ces bouteilles de quinquina où je t'ai dit ?

Lolive.

10. Pardonnez-moi, monsieur, et j'ai rapporté les vides.

M. Grichard.

Et mes lettres, les as-tu portées à la poste ?   Hem . . .

Lolive.

Peste ! monsieur, je n'ai eu garde d'y manquer.

M. Grichard.

Je t'ai défendu cent fois de racler ton maudit violon ; cependant j'ai entendu ce matin . . .

Lolive.

15 Ce matin ? ne vous souvient-il pas que vous me le mites hier en mille pièces ?

M. Grichard.

Je gagerais que ces deux voies de bois sont encore . . .

Lolive.

Elles sont logées, monsieur.   Vraiment depuis cela j'ai aidé à Guillaume à mettre dans le grenier une charretée de foin ; 20 j'ai arrosé tous les arbres du jardin, j'ai nettoyé les allées, j'ai bêché trois planches, et j'achevais l'autre quand vous avez frappé.

M. Grichard.

Oh! il faut que je chasse ce coquin-là : jamais valet ne m'a fait enrager comme celui-ci; il me ferait mourir de chagrin. Hors d'ici.

Que diable a-t-il mangé?

(*le plaignant*).
Retire-toi.   5

SCÈNE VII.

M. GRICHARD, ARISTE.

Ariste.

En vérité, mon frère, vous êtes d'une étrange humeur ; à ce que je vois, vous ne prenez pas des domestiques pour être servi ; vous les prenez seulement pour avoir le plaisir de gronder.

M. Grichard.

Ah! vous voilà d'humeur à jaser.   10

Ariste.

Quoi! vous voulez chasser ce valet à cause qu'en faisant tout ce que vous lui commandez, et au delà, il ne vous donne pas sujet de le gronder, ou, pour mieux dire, vous vous fâchez de n'avoir pas de quoi vous fâcher?

M. Grichard.

Courage, monsieur l'avocat, contrôlez bien mes actions.   15

Ariste.

Eh! mon frère, je n'étais pas venu ici pour cela : mais je ne puis m'empêcher de vous plaindre, quand je vois qu'avec tous les sujets du monde d'être content, vous êtes toujours en colère.

M. Grichard.

Il me plaît ainsi.   20

Ariste.

Eh! je le vois bien. Tout vous rit : vous vous portez bien, vous avez des enfants bien nés, vous êtes veuf, vos affaires ne sauraient mieux aller. Cependant on ne voit jamais sur votre visage cette tranquillité d'un père de famille qui répand la joie dans toute sa maison; vous vous tourmentez sans cesse, et vous tourmentez par conséquent tous ceux qui sont obligés de vivre avec vous.

M. Grichard.

5 Ah! ceci n'est pas mauvais. Est-ce que je ne suis pas homme d'honneur?

Ariste.

Personne ne le conteste.

M. Grichard.

A-t-on rien à dire contre mes mœurs?

Ariste.

Non, sans doute.

M. Grichard.

10 Je ne suis, je pense, ni fourbe, ni avare, ni menteur, ni babillard comme vous, et . . .

Ariste.

Il est vrai, vous n'avez aucun de ces vices qu'on a joués jusqu'à présent sur le théâtre, et qui frappent les yeux de tout le monde; mais vous en avez un qui empoisonne toute la 15 douceur de la vie, et qui peut-être est plus incommode dans la société que tous les autres. Car enfin on peut au moins vivre quelquefois en paix avec un fourbe, un avare, et un menteur; mais on n'a jamais un seul moment de repos avec ceux que leur malheureux tempérament porte à être toujours 20 fâchés, qu'un rien met en colère, et qui se font un triste plaisir de gronder et de criailler sans cesse.

M. Grichard.

Aurez-vous bientôt achevé de moraliser? je commence à m'échauffer beaucoup.

Ariste.

Je le veux bien, mon frère, laissons ces contestations. On 25 dit aujourd'hui que vous vous mariez.

M. Grichard.

On dit, on dit: de quoi se mêle-t-on? Je voudrais bien savoir qui sont ces gens-là?

Ariste.

Ce sont des gens qui y prennent intérêt.

M. Grichard.

Je n'en ai que faire, moi. Le monde n'est rempli que de ces preneurs d'intérêt, qui dans le fond ne se soucient non plus de nous que de Jean de Vert.

Ariste.

Oh! il n'y a pas moyen de vous parler. 5

M. Grichard.

Il faut donc se taire.

Ariste.

Mais, pour votre bien, on aurait des choses à vous dire.

M. Grichard.

Il faut donc parler.

Ariste.

Vous étiez hier dans le dessein de marier avantageusement vos enfants. 10

M. Grichard.

Cela se pourrait.

Ariste.

Ils consentaient l'un et l'autre à votre volonté.

M. Grichard.

J'aurais bien voulu voir le contraire!

Ariste.

Tout le monde louait votre choix.

M. Grichard.

C'est de quoi je ne me souciais guère. 15

Ariste.

Aujourd'hui, sans que l'on sache pourquoi, vous avez tout d'un coup changé de dessein.

M. Grichard.

Pourquoi non?

Ariste.

Après avoir promis votre fille à Mondor, vous voulez la donner aujourd'hui à monsieur Fadel, qui n'a pour tout 20 mérite que d'être beau-frère de monsieur de Saint-Alvar.

M. Grichard.

Que vous importe?

Ariste.

Et vous voulez épouser cette même Clarice que **vous avez** promise à votre fils.

M. Grichard.

Bon! promise: qu'il compte là-dessus!

Ariste.

En conscience, mon frère, croyez-vous que dans le monde 5 on approuve votre conduite?

M. Grichard.

Ma conduite! Eh! croyez-vous en conscience, monsieur mon frère, que je m'en mette fort en peine?

Ariste.

Cependant . . .

M. Grichard.

Oh! cependant; cependant chacun fait chez lui comme il 10 lui plaît, et je suis le maître de moi et de mes enfants.

Ariste.

Pour en être le maître, mon frère, il y a bien des choses que la bienséance ne permet pas de faire; car si . . .

M. Grichard.

Oh! si, car, mais . . . Je n'ai que faire de vos conseils, je vous l'ai dit plus de cent fois.

Ariste.

15 Si vous voulez pourtant y faire un peu de réflexion.

M. Grichard.

Encore? Vous ne seriez donc pas d'avis que j'épousasse Clarice?

Ariste.

Je crains que vous ne vous en repentiez.

M. Grichard.

Il est vrai qu'elle convient mieux à Térignan.

Ariste.

20 Sans doute.

M. Grichard.

Et vous ne trouvez pas à propos non plus que je donne Hortense à monsieur Fadel?

Ariste.

C'est un imbécile; j'appréhende que vous ne rendiez votre fille très-malheureuse.

M. Grichard.

Très-malheureuse ? en effet, comme vous dites. Ainsi vous croyez que je ferais beaucoup mieux de revenir à mon premier dessein ?   5

Ariste.

Très-assurément.

M. Grichard.

Et vous avez pris la peine de venir ici exprès pour me le dire ?

Ariste.

J'ai cru y être obligé pour le repos de votre famille.

M. Grichard.

Fort bien.   C'est donc là votre avis ?   10

Ariste.

Oui, mon frère.

M. Grichard.

Tant mieux: j'aurai le plaisir de rompre deux mariages, et d'en faire deux autres contre votre sentiment.

Ariste.

Mais vous ne songez pas . . .

M. Grichard.

Et je vais tout à l'heure chez monsieur Rigaut, mon notaire, 15 pour cela.

Ariste.

Quoi! vous allez . . .

M. Grichard.

Serviteur.

SCÈNE VIII.

M. GRICHARD, ARISTE, BRILLON, CATAU.

Catau.

Monsieur, voici Brillon qui vous cherche.

M. Grichard.

Que veut ce fripon ?   20

Brillon.

Mon père, mon père, j'ai fait aujourd'hui mon thême **sans** faute ; tenez, voyez.

M. Grichard
(*lui jetant son livre au nez*).

Nous verrons cela tantôt.

Brillon.

Eh ! mon père, voyez-le à cette heure, je vous **en prie.**

M. Grichard.

5   Je n'ai pas le loisir.

Brillon.

Vous l'aurez lu en un moment.

M. Grichard.

Je n'ai pas mes lunettes.

Brillon.

Je vous le lirai.

M. Grichard.

Eh ! voilà le plus pressant petit drôle qui soit au monde.

Ariste.

10   Vous aurez plus tôt fait de le contenter.

Brillon.

Je vais vous lire le Français, et puis je vous lirai le Latin. Les hommes . . . Au moins ce n'est pas du Latin obscur, comme le thême d'hier ; vous verrez que vous entendrez bien celui-ci.

M. Grichard.

15   Le pendard !

Brillon.

Les hommes qui ne rient jamais, et qui grondent toujours, sont semblables à ces bêtes féroces qui . . .

M. Grichard
(*lui donnant un soufflet*).

Tiens, va dire à ton sot de précepteur qu'il te donne d'autres thêmes.

Catau.

20   Le pauvre enfant.

Ariste
(*bas*).

Belle éducation !

Brillon

(*pleurant*).

Oui, oui, vous me frappez quand je fais bien ; et moi, je ne veux plus étudier.

M. Grichard.

Si je te prends.

Brillon.

Peste soit des livres et du latin.

M. Grichard.

Attends, petit enragé, attends. 5

Brillon.

Oui, oui, attends : qu'on m'y rattrape. Tenez, voilà pour votre soufflet. (*Il déchire son livre.*)

M. Grichard.

Le fouet, maraud, le fouet !

Brillon.

Oui-dà, le fouet ! j'en vais faire autant tout à l'heure de ma grammaire et de mon Despautère. 10

M. Grichard.

Tu la payeras. Ce petit maraud abuse tous les jours de la tendresse que j'ai pour lui.

Catau.

Voilà déjà un petit Grichard tout craché.

M. Grichard.

Que marmottes-tu là ?

Catau.

Je dis, monsieur, que le petit Grichard s'en va bien fâché. 15

M. Grichard.

Sont-ce là tes affaires, impertinente ?

Ariste.

Mon frère a raison.

M. Grichard.

Et moi je veux avoir tort.

Ariste.

Comme il vous plaira. Oh çà, mon frère, revenons, je vous prie, à l'affaire dont je viens de vous parler. 20

M. Grichard.

Ne vous ai-je pas dit que je vais de ce pas chez M. Rigaut, mon notaire ? Serviteur. Mais que me veut encore cet animal ?

SCÈNE IX.

MAMURRA, M. GRICHARD, ARISTE, CATAU.

Mamurra.

Monsieur . . .

M. Grichard.

5 Qu'est-ce, monsieur ? vous prenez très-mal votre temps, monsieur Mamurra ; allez-vous-en donner le fouet à Brillon.

Mamurra.

Abiit, evasit, effugit, erupit.

M. Grichard.

Brillon s'est sauvé ?

Mamurra.

Oui, monsieur, *effugit.*

M. Grichard.

10 Ces animaux-là ne sauraient s'empêcher de cracher du Latin. Parle Français, ou tais-toi, pédant fieffé.

Mamurra.

Puisque telle est votre volonté, *sit pro ratione voluntas.*

M. Grichard.

Encore ? Eh ! de par tous les diables, parle Français si tu veux, ou si tu peux, excrément de collége.

Mamurra.

15 Soit. Nous lisons dans Arriaga.

M. Grichard.

Eh bien ! bourreau, dis-moi, qu'a de commun Arriaga avec la fuite de Brillon ?

Mamurra.

Oh çà, monsieur, puisque vous voulez qu'on vous parle Français, je vous dirai que vous avez donné un soufflet à mon 20 disciple fort mal à propos. Il a *lacéré, incendié* tous ses livres, et s'est sauvé. La correction est nécessaire, *concedo* ; mais il n'est rien de plus dangereux que de châtier quelqu'un sans sujet : on révolte l'esprit, au lieu de le redresser, et la sévérité paternelle et magistrale, dit Arriaga ...

M. Grichard.

Toujours Arriaga, tête incurable ? Sors d'ici tout à l'heure, et ton maudit Arriaga ; et n'y remets le pied de ta vie, si tu 5 ne me ramènes Brillon.

Mamurra.

Monsieur.

M. Grichard.

Hors d'ici, te dis-je, et va le chercher tout à l'heure.

SCÈNE X.

M. GRICHARD, ARISTE, CATAU.

Ariste.

Vous ne voulez donc rien écouter ?

M. Grichard.

Serviteur. Hé, Lolive, qu'on selle ma mule, je reviens dans 10 un moment pour aller voir un malade qui m'attend.

SCÈNE XI.

ARISTE, CATAU.

Ariste.

Quel homme !

Catau.

· À qui le dites-vous ?

Ariste.

Si tu savais quel dessein bizarre il a formé.

Catau.

J'en sais plus que vous. Rosine, la fille de chambre de 15 Clarice, vient de m'informer de tout. Devineriez-vous pourquoi depuis hier votre frère s'est mis en tête d'épouser Clarice ?

Ariste.

Peut-être la beauté ?

Catau.

Tarare! la beauté; c'est bien la beauté vraiment qui prend un homme comme lui.

Ariste.

Qu'est-ce donc?

Catau.

Vous savez, monsieur, que nous avions tous conseillé à
5 Clarice d'affecter de paraître sévère et rude aux domestiques en présence de M. Grichard, afin de gagner ses bonnes grâces, et de l'obliger à consentir au mariage de Térignan avec elle?

Ariste.

Je le sais.

Catau.

Eh bien! hier au soir votre frère était dans la chambre de
10 M. de Saint-Alvar; Clarice était dans la sienne, qui y répond; Rosine vint à faire quelque bagatelle; Clarice prit de là occasion de gronder. M. Grichard, entendant quereller cette fille, quitta brusquement M. de Saint-Alvar, et alla se mettre de la partie. La pauvre créature fut relancée comme il faut;
15 sa maîtresse fit semblant de la chasser; et depuis ce moment notre grondeur a conçu pour elle une estime qui n'est pas imaginable, et qui va jusqu'à la vouloir épouser.

Ariste.

Est-il possible?

Catau.

D'abord il le proposa à M. de Saint-Alvar. Comme il est
20 facile, il y consentit, à condition que M. Grichard donnerait Hortense à M. Fadel, son beau-frère, qui est un homme qui lui est à charge.

Ariste.

Clarice le sait-elle?

Catau.

Elle en est au désespoir. Je viens de lui parler; elle a déjà
25 fait des plaintes à son père, qui commence à se repentir.

Ariste.

À quelque prix que ce soit il faut rompre ce dessein.

Catau.

Nous avons déjà concerté avec Clarice et Rosine ce qu'il y

a à faire pour cela, et la fuite de Brillon me fait songer à un stratagème dont il faut que je me serve.

Ariste.

Que prétends-tu faire ?

Catau.

Je vous le dirai plus à loisir.

Ariste.

Allons donc avertir Térignan et Hortense, et prenons en- 5 semble des mesures pour agir de concert.

Catau.

Allons ; notre grondeur sera bien fin s'il ne donne dans les panneaux que je lui vais tendre.

ACTE II.

SCÈNE PREMIÈRE.

Lolive.

La maudite bête qu'une mule quinteuse ! le vilain homme qu'un médecin hargneux ! Qu'un pauvre garçon est à plaindre 10 d'avoir à servir ces deux animaux-là ! et que le ciel les a bien faits l'un pour l'autre ! Ouf, me voilà tout hors d'haleine : mais, Dieu merci ! c'est pour la dernière fois.

SCÈNE II.

CATAU, LOLIVE.

Catau.

Ah ! te voilà : je te cherchais. D'où viens-tu ?

Lolive.

Je viens de planter notre chagrin de médecin sur sa chagrine 15 de mule ; ils ont enfin détalé d'ici, après avoir fait l'un et l'autre le diable à quatre : pour récompense ils m'ont donné mon congé.

Catau.

Ton congé !

Lolive.

Oui: le médecin portait la parole.   Ce n'est pas un grand malheur.

Catau.

J'en suis persuadée; mais avant que le jour se passe, je te donnerai, si tu veux, le moyen de te venger de lui.

Lolive.

5   Quoique la vengeance ne soit pas d'une belle âme, me voilà prêt à tout, et tu peux disposer de moi.

Catau.

Nous avons compté là-dessus.   Mais, avant toutes choses, va te mettre en sentinelle au coin de la rue; et quand tu verras venir de loin notre grondeur, viens vite m'avertir.   Voici ma
10 maîtresse.

SCÈNE III.

HORTENSE, CATAU.

Hortense.

Mon oncle et mon frère sont allés avertir Clarice de se rendre ici.

Catau.

Fort bien.   Vous, si votre père vous propose de vous marier avec M. Fadel, faites semblant d'être soumise à sa volonté, et
15 ne l'irritez point par un refus.

Hortense.

Mais si une fois j'ai dit oui?

Catau.

Eh bien! vous direz non.

Hortense.

Ne te fâche point, ma pauvre Catau.

Catau.

Laissez-vous donc conduire.

Hortense.

20   Mais si ce que tu entreprends ne réussit point?

Catau.

Oh! faites donc à votre tête.

Hortense.

Mon Dieu, que tu es prompte! Je crains de me voir
mariée au plus imbécile et au plus mal fait de tous les
hommes.

Catau.

Vous ne seriez pas la seule. Je connais de belles personnes
comme vous, qui ont pour époux de petits magots d'hommes: 5
mais aussi, en revanche, je connais de beaux et grands jeunes
hommes qui ont pour épouses de petites guenuches de femmes.
Cela est assez bien compensé dans le monde, et l'avarice fait
tous les jours ces assortiments bizarres.

Hortense.

Le malheur des autres est une faible consolation.   10

Catau.

Oh çà, puisque vous voulez tant raisonner, que prétendriez-
vous faire, si, malgré ce que j'entreprends, votre père s'opi-
niâtrait à vous donner à Fadel?

Hortense.

Je ne sais . . . mourir.

Catau.

Mourir!   15

Hortense.

Oui, te dis-je, mourir.

Catau.

Et si vous ne pouviez pas mourir?

Hortense.

Obéir.

Catau.

Obéir!

Hortense.

Oui, Catau, obéir. Une fille qui a de la vertu n'a point 20
d'autre parti à prendre.

Catau.

Je ne suis pas, moi, tout à fait de cet avis-là. Il est vrai
que la vertu défend à une fille d'épouser contre la volonté de
ses parents un homme qui lui plaît: mais la vertu ne lui
defend pas de s'opposer à leur volonté, quand ils veulent lui 25
donner pour époux un homme qui ne lui plait point.

Hortense.

Mon père n'est pas fait comme les autres ; et si j'ai une fois consenti, te dis-je . . .

Catau.

Bon ! consenti. Allez, mademoiselle, en fait de mariage, une fille a son dit et son dédit : mais nous n'en viendrons pas 5 là ; laissez seulement agir Clarice, et faites ce que je vous dis.

SCÈNE IV.

LOLIVE, HORTENSE, CATAU.

Lolive.

Gare, gare ! Monsieur Grichard ! gare, gare !

Catau.

Est-il entré ?

Lolive.

Non, Guillaume a ramené sa monture.

Hortense.

Et mon père ?

Lolive.

10   Un petit accident l'a fait descendre à deux pas d'ici.

Catau.

Et quel accident ?

Lolive.

Il passait avec sa mule devant la porte d'un de nos voisins. Un barbet, à qui sa figure a·déplu, s'est mis tout d'un coup à japper ; la mule a eu peur, elle a fait un demi-tour à gauche 15 sur le pavé.

Hortense.

S'est-il blessé ?

Lolive.

Non ; il gronde à cette heure le barbet : vous l'aurez ici dans un moment.

Hortense.

Je me retire dans ma chambre ; j'appréhende sa mauvaise 20 humeur.

Catau.

Il a été bientôt de retour ?

Lolive.

C'est qu'il a trouvé besogne faite, à ce que m'a dit Guillaume.

Catau.

On avait peut-être envoyé quérir un autre médecin?

Lolive.

Non: mais le malade s'est impatienté; et voyant que M. Grichard tardait trop à venir, il est parti sans son ordre. 5

Catau.

Il l'a trouvé mort?

Lolive.

Tu l'as dit.

Catau.

Cela lui arrive tous les jours. Mais je l'entends; retire-toi, qu'il ne te voie point. Va dire à Clarice de venir promptement; elle te dira ce que tu as à faire de ton côté. Écoute. 10

(*Elle lui parle à l'oreille.*)

Lolive.

C'est assez.

SCÈNE V.

M. GRICHARD, CATAU.

M. Grichard.

Oh, parbleu! canaille, je vous apprendrai à tenir à l'attache votre chien de chien.

Catau.

Mais aussi, voyez ce maraud de voisin; on lui a dit mille fois, ce coquin! cet insolent! Mort de ma vie, monsieur, 15 laissez-moi faire, je lui laverai la tête.

M. Grichard.

Cette fille a quelque chose de bon. Brillon n'est-il point revenu?

Catau.

Non, monsieur.

M. Grichard.

Ce petit fripon-là me fera mourir de chagrin; et son animal 20 de précepteur?

Catau.

Il l'est allé chercher, et ne reviendra pas sans **vous le** ramener.

M. Grichard.

Il fera bien.

SCÈNE VI.

M. GRICHARD, CATAU, M. FADEL.
(*Un Laquais.*)

Le Laquais.

M. Fadel demande à vous voir.

M. Grichard.

5   Qu'il entre. Il faut que je fasse un peu causer ce jeune homme, pour voir s'il est aussi nigaud qu'on dit. (*M. Fadel paraît.*) Approchez, mon gendre prétendu... Eh! approchez, vous dis-je.

Catau.

Eh! mettez-vous encore plus près; vous devez voir que
10 monsieur n'aime pas à crier.

M. Fadel.

Soit.

M. Grichard
(*le regardant à chaque demande qu'il lui fait, pour voir s'il parlera*).

Oh çà, on me veut faire croire que je marie ma fille à **un** sot.

M. Fadel.

Ouais!

M. Grichard.

15   Je n'en crois rien, puisque je vous la donne.

M. Fadel.

Ah!

M. Grichard.

Et avec une grosse dot.

M. Fadel.

Oh! oh!

M. Grichard.

Je l'avais promise à un certain Mondor qui est absent.

M. Fadel.

Voyez !

M. Grichard.

Mais je vous préfère à lui.

M. Fadel.

Oui !

M. Grichard.

Il sera attrappé, quand il viendra.   5

M. Fadel.

Ah ! ah !

M. Grichard.

Pour moi, j'épouse votre parente Clarice.

M. Fadel.

Oui-dà !

M. Grichard.

Ouais ! oh ! oh ! ah ! oui ! voyez ! oui-dà ! N'avez-vous que
cela à me dire ?   10

Catau.

Il vous répond fort juste.

M. Fadel.

Oh ! oh !

M. Grichard.

Oui, mais son style est bien laconique.

M. Fadel.

Là, là.

Catau.

Il ne vous rompra pas la tête.   15

M. Grichard.

Un grand parleur est encore plus incommode.

Catau.

J'en sais, monsieur, plus de quatre qui sans oh, oh, oui, et
ah, ah, n'auraient souvent rien à dire.

M. Grichard.

Il faut que je le mène à Hortense, peut-être parlera-t-il
à elle.   20

M. Fadel.

Oh ! oh !

M. Grichard.

Venez donc.

Catau.

Allez voir votre maîtresse, monsieur oh ! oh ! À quel imbécile veut-on donner une fille comme elle ? je l'empêcherai bien.

SCÈNE VII.

TÉRIGNAN, ARISTE, LOLIVE, CATAU.

Ariste.

Où est mon frère ?

Catau.

5   Il vient d'entrer dans la chambre d'Hortense avec monsieur Fadel : ils n'auront pas longue conversation ensemble.

Lolive.

Puis-je entrer ?

Catau.

Oui, mais dépêche-toi.

Lolive.

Clarice sera ici dans un moment.

Catau.

10   Tant mieux.

    (*Dans cette scène, Lolive regarde toujours si monsieur Grichard ne vient point.*)

Lolive

    (*à Catau*).
J'ai trouvé Brillon.

Catau.

Eh bien ?

Lolive.

Je l'ai mené chez monsieur . . .

Catau.

Tu as bien fait.

Lolive.

15   Il n'en sortira pas sans ton ordre.

Catau.

C'est assez.   Clarice t'a instruit de ce que tu as à faire ?

Lolive.

Oui.

Catau.

Va te préparer à jouer ton rôle.

Lolive.

J'y vais.

Catau.

Je ne crois pas que M. Grichard connaisse trop ton visage?

Lolive.

Lui! depuis deux jours que je le sers, il ne m'a jamais 5
regardé en face; il ne connaît personne.

Catau.

Va vite, qu'il ne te rencontre ici.

SCÈNE VIII.

HORTENSE, TÉRIGNAN, ARISTE, CATAU.

Hortense.

Ah! je respire; monsieur Fadel est sorti, et mon père est
entré dans son cabinet, fort triste de la fuite de Brillon.

Catau.

Il ne le reverra qu'à bonnes enseignes.   10

Térignan.

Comment?

SCÈNE IX.

HORTENSE, TÉRIGNAN, ARISTE, CATAU,

M. GRICHARD

(*dans le fond du théâtre*).

Catau.

Vous le saurez quand il sera temps.

Hortense

(*apercevant M. Grichard*).

Ah! voilà mon père; il aura peut-être entendu ce que nous
venons de dire.

Catau.

Lui! et ne savez-vous pas que lorsque sa gronderie se
change en ce noir chagrin où le voilà plongé, il ne voit ni
n'entend personne? Je gagerais qu'il ne s'est pas seulement
aperçu que nous soyons ici.

Ariste.

5   Il faudrait le préparer à la visite de Clarice. Abordez-le,
mon neveu. (*Chacun, à mesure qu'il parle, s'éloigne de M.*
Grichard, qui est au fond du théâtre.)

Térignan.

Je n'oserais.

Ariste.

Vous, Hortense.

Hortense.

10   Je tremble.

Ariste.

Toi donc, Catau.

Catau.

La peste!

Ariste.

Mais d'où lui peut venir cette sombre mélancolie?

Catau.

Il y a une heure qu'il n'a grondé personne.

M. Grichard
(*se promenant en colère*).

15   C'est une chose étrange! je ne trouve personne avec qui je
puisse m'entretenir un seul moment, sans être obligé de me
mettre en colère. Je suis bon père, mes enfants me déses-
pèrent; bon maître, mes domestiques ne songent qu'à me
chagriner; bon voisin, leurs chiens se déchaînent contre moi:
20 jusqu'à mes malades, témoin celui d'aujourd'hui, vous diriez
qu'ils meurent exprès pour me faire enrager.

Ariste.

Il faut que je l'aborde. Mon frère, je suis votre serviteur.

M. Grichard.

Serviteur.

Ariste.

D'où vient que vous êtes triste?

M. Grichard.

Je ne sais.

Hortense.

Mais, qu'avez-vous, mon père ?

M. Grichard.

Rien.

Catau.

Vous trouvez-vous mal, monsieur ?

M. Grichard.

Non.

5

Térignan.

Ne peut-on savoir . . . .

M. Grichard.

Tais-toi.

Catau.

Voulez-vous, monsieur . . .

M. Grichard.

Qu'on me laisse.

Catau.

Voici qui vous réjouira, monsieur, je viens de voir entrer 10 Clarice.

M. Grichard.

Clarice ! qu'on se retire, et vîte. (*À Hortense.*) Allons, vous aussi, vous m'échauffez la bile avec vos airs posés.

SCÈNE X.

M. GRICHARD, ARISTE.

M. Grichard.

Pour vous, si vous prétendez me venir donner les sots con-seils de tantôt, vous ferez mieux d'aller voir chez vous si l'on 15 vous demande.

Ariste.

Non, mon frère, puisque vous voulez absolument vous marier, et que Clarice vous plaît, à la bonne heure.

M. Grichard.

Vous allez voir quelle différence il y a d'elle à vos gogue-nardes de femmes qui ne songent qu'à là bagatelle. 20

Ariste.

Je le veux croire.

M. Grichard.

J'ai besoin d'une personne comme elle.

Ariste.

Il faut vous satisfaire.

M. Grichard.

Je ne puis pas suffire moi seul à tenir en crainte une **famille,**
5 et à pourvoir aux affaires du dehors.

Ariste.

Sans doute.

M. Grichard.

Tandis que je tiendrai, moi, ceux du logis dans le **devoir,**
elle ira à la ville gronder le marchand, le boucher, le cordon-
nier, l'épicier; et malheur à qui nous fera quelque frasque!
10 Mais la voici, vous allez voir.

SCÈNE XI.

CLARICE, M. GRICHARD, ARISTE.

Clarice.

Vous me voyez, monsieur, dans un si grand excès de joie,
que je ne puis vous l'exprimer.

M. Grichard.

Comment donc! d'où vous vient cette joie si déréglée?

Clarice.

Mon père vient de m'accorder tout ce que je lui ai de-
15 mandé.

M. Grichard.

Et que lui avez-vous demandé?

Clarice.

Tout ce qui pouvait me faire plaisir.

M. Grichard.

Mais encore?

Clarice.

Il m'a rendu maîtresse de tous nos apprêts de noces.

M. Grichard.

Quels apprêts faut-il donc tant pour . . . ?

Clarice.

Comment, monsieur, quels apprêts? les habits, le festin, les violons, les hautbois, les mascarades, les concerts, et le bal surtout, que je veux avoir tous les soirs pendant quinze jours.

M. Grichard.

Comment diable! 5

Clarice.

Vous voyez cet habit, c'est le moindre de douze que je me suis fait faire. J'en ai commandé autant pour vous.

M. Grichard.

Pour moi?

Clarice.

Oui; mais il n'y en a encore que deux de faits, qu'on vous apportera ce soir. 10

M. Grichard.

À moi?

Clarice.

Oui, monsieur. Croyez-vous que je puisse vous souffrir comme vous êtes? Il semble que vous portiez le deuil des malades qui meurent entre vos mains.

M. Grichard.

Elle est folle. 15

Clarice.

Il faut quitter cet équipage lugubre, et prendre un habit plus gai.

M. Grichard.

Un habit plus gai à un médecin!

Clarice.

Sans doute. Puisque nous nous marions ensemble, il faut se mettre du bel air. Serez-vous le premier médecin qui 20 porterez un habit cavalier?

M. Grichard.

Elle extravague.

Clarice.

Pour le festin, nous avons deux tables de trente couverts:

je viens d'ordonner moi-même en quel endroit de la salle je
veux qu'on place lès violons et les hautbois. ᵎ

M. Grichard.

Mais songez-vous . . .

Clarice.

J'ai préparé une mascarade charmante.

M. Grichard.

5 À la fin . . .

Clarice.

Quand nous aurons dansé une bonne heure, nous sortirons
tous deux du bal sans rien dire, et nous nous déguiserons, moi
en Vénus et vous en Adonis.

M. Grichard,

Je perds patience.

Clarice.

10 Que nous allons danser ! c'est ma folie que la danse.   Au
moins j'ai déjà retenu quatre laquais, qui jouent parfaitement
bien du violon.

M. Grichard.

Quatre laquais ?

Clarice.

Oui, monsieur ; deux pour vous, et deux pour moi.   Quand
15 nous serons mariés, je veux que vous ayez le bal chez nous
tous les jours de la vie, et que notre maison soit le rendez-
vous de toutes les personnes qui aimeront un peu le plaisir.

SCÈNE XII.

M. GRICHARD, ARISTE, CLARICE, ROSINE.

Rosine.

Madame, tous vos habits de masque sont au logis ; venez
les voir au plus vite, ils sont les plus jolis du monde.

M. Grichard.

20 N'est-ce pas là cette gueuse que vous chassâtes hier ?

Clarice.

Oui, monsieur.

M. Grichard.

Et vous l'avez reprise ?

Clarice.

Je ne puis m'en passer ; elle est de la meilleure humeur du monde, elle chante ou danse toujours.

Ariste.

Hé ! madame, qu'on est mal servi des personnes de ce caractère !

Clarice.

Je le crois ; mais j'aime mieux être plus mal servie, et avoir 5 des domestiques toujours gais. Je tiens que les gens qui sont auprès de nous nous communiquent, malgré que nous en ayons, leur joie ou leur tristesse, et je n'aime point le chagrin.

M. Grichard.

Ah ! quelqu'un l'a ensorcelée depuis hier.

Rosine.

Venez donc, madame ; on vous attend avec impatience. 10

Clarice.

Adieu, monsieur ; je meurs d'envie de voir vos habits et les miens ; et j'ai laissé au logis monsieur Canary, qui m'attend.

SCÈNE XIII.

M. GRICHARD, ARISTE, ROSINE.

M. Grichard.

Qui est ce monsieur Canary ?

Rosine.

Son maître à chanter. Ma foi, monsieur, vous allez avoir la perle des femmes. La plupart aiment à gronder les do- 15 mestiques et à chagriner leurs maris : pour celle-là, oh ! je vous réponds qu'il fera bon avec elle : que tout aille de travers dans un ménage, elle ne s'émeut de rien ; c'est la meilleure des femmes. Tenez, monsieur, depuis cinq ans que je la sers, je ne l'ai vu qu'hier en colère.

M. Grichard.

Mais, dis-moi, son père ne serait-il pas cause . . . ?

Rosine.

Monsieur, je vous demande pardon; il faut que j'essaie
aussi mon habit de masque.

SCÈNE XIV.

M. GRICHARD, ARISTE.

X   (*Ils demeurent quelque temps à se regarder.*)

Ariste.

Mon frère, hé bien?

M. Grichard

(*à part*).
Je tombe des nues.

Ariste.

5   Voilà cette femme que vous me vantiez tant?

M. Grichard

(*à part*).
Il y a ici quelque mystère.

Ariste

(*bas*).
Se douterait-il qu'on le joue?

M. Grichard.

Je soupçonne d'où vient ceci.

Ariste.

Vous croyez peut-être que la joie qu'elle a de se marier . . .

M. Grichard.

10   Savez-vous bien, monsieur mon frère, que vous avez le don
de raisonner toujours de travers?

Ariste.

Moi?

M. Grichard.

Oui, vous. C'est M. de Saint-Alvar qui fait faire à Clarice
toutes ces folies. Ces gentilshommeaux de province aiment
15 les fêtes, et il me souvient d'avoir ouï dire à ce vieux roquentin qu'il voulait danser aux noces de sa fille.

Ariste.

Quoi! vous croyez . . .

M. Grichard.

Et je vais de ce pas laver la tête comme il faut à ce vieux fou.

SCÈNE XV.

ARISTE, CATAU.

Catau.

Où va-t-il donc ?

Ariste.

Trouver le père de Clarice. Il s'est allé mettre dans l'esprit que tout ce qu'on lui a dit ici ne venait point d'elle.　　　5

Catau.

Laissez-le aller ; monsieur de Saint-Alvar nous tient la main.

Ariste.

Nous aurons de la peine à le faire renoncer à Clarice.

Catau.

J'ai plus d'une corde à mon arc ; il ne tiendra pas contre le tour que je vais lui faire jouer : je vous l'ai dit. Notre gron- 10 deur sera bientôt de retour ; il ne trouvera personne où il est allé : il n'a que la rue à traverser. Cachez-vous dans le coin de cette chambre ; écoutez ce qui se passera ici ; et quand vous jugerez que la chose aura été poussée assez loin, venez à son secours.　　　15

Ariste.

Mais ne disais-tu pas que tu voulais qu'il n'y eût personne au logis ?

Catau.

J'ai fait retirer Hortense et Térignan, et votre frère a chassé aujourd'hui tous ses domestiques. Mais le voici déjà ; allez vite vous cacher.　　　2

SCÈNE XVI.

M. GRICHARD, JASMIN, CATAU.

Catau.

Eh bien ! monsieur, vous venez de chez monsieur de Saint-Alvar ?

M. Grichard.

Je ne l'ai pas trouvé chez lui.

Catau.

On dit qu'il y aura grand bal ce soir.

M. Grichard.

5 Je sais qu'on a promis douze pistoles aux violons ; porteleur-en vingt-quatre, et qu'ils n'aillent point ce soir.

Catau.

Eh ! monsieur, cela sera inutile : si Clarice a envie de les avoir, elle leur en donnera cinquante, et cent s'il le faut. Je connais les femmes du monde, elles n'épargnent rien pour se 10 satisfaire, et la facilité avec laquelle la plupart jettent l'argent, fait soupçonner, malgré qu'on en ait, qu'il ne leur coûte pas beaucoup.

M. Grichard.

Mais je sais, coquine, que ce n'est point Clarice . . .

Jasmin.

Monsieur, un monsieur vous demande.

Catau

(*bas*).

15 Bon, voici mon homme.

M. Grichard.

Qui est·ce ?

Jasmin.

Il dit qu'il s'appelle monsieur Ri . . . Ri . . . Attendez, monsieur, je vais encore lui demander.

M. Grichard

(*le prenant par les oreilles*).

Viens çà, fripon.

Jasmin.

Ahi! ahi! ahi!

Catau.

Eh! monsieur, vous lui avez arraché les cheveux, vous êtes
cause qu'il a pris la perruque; vous lui arracherez les oreilles,
et on n'en a pas pour de l'argent.

M. Grichard.

Je te l'apprendrai ... C'est sans doute monsieur Rigaut, 5
mon notaire: je sais ce que c'est; fais-le entrer. Ne pouvait-
il pas prendre une autre heure pour m'apporter de l'argent?
Peste soit des importuns!

SCÈNE XVII.

M. GRICHARD, LOLIVE en maître à danser, LE PRÉVÔT, CATAU.

M. Grichard.

Ouais! ce n'est point là mon homme.   Qui êtes-vous, avec
vos révérences?   10

Lolive
(*faisant de grandes révérences*).

Monsieur, on m'appelle Rigaudon, à vous rendre mes très-
humbles services.

M. Grichard
(*à Catau*).

N'ai-je point vu ce visage quelque part?

Catau.

Il y a mille gens qui se ressemblent.

M. Grichard.

Eh bien! monsieur Rigaudon, que voulez-vous?   15

Lolive.

Vous donner cette lettre de la part de mademoiselle Clarice.

M. Grichard.

Donnez ... Je voudrais bien savoir qui a appris à Clarice à
plier ainsi une lettre: voilà une belle figure de lettre, un beau
colifichet.   Voyons ce qu'elle chante.

Catau

(*bas, tandis qu'il déplie la lettre*).

Jamais peùt-être amant ne s'est plaint de pareille chose.

M. Grichard.

'Tout le monde dit que je me marie avec le plus bourru de tous les hommes : je veux désabuser les gens, et pour cet effet il faut que ce soir vous et moi nous commencions le bal.' 5 Elle est folle.

Lolive.

Continuez, monsieur, je vous prie.

M. Grichard

(*lit*).

'Vous m'avez dit que vous ne savez pas danser; mais je vous envoie le premier homme du monde . . .

Lolive

(*à M. Grichard, qui le regarde depuis les pieds jusqu'à la tête*).

Ah ! monsieur.

M. Grichard

(*lit*).

10 'Qui vous en montrera en moins d'une heure autant qu'il en faut pour vous tirer d'affaire.' Que j'apprenne à danser !

Lolive.

Achevez, s'il vous plaît.

M. Grichard

(*lit encore*).

'Et, si vous m'aimez, vous apprendrez de lui la bourrée.'

CLARICE.

La bourrée ! moi, la bourrée ! (*En colère.*) Monsieur le 15 premier homme du monde, savez-vous bien que vous risquez beaucoup ici ?

Lolive.

Allons, monsieur; dans un quart d'heure vous la danserez à miracle.

M. Grichard

(*redoublant sa colère*).

Monsieur Rigaudon, je vous ferai jeter par les fenêtres, si 20 j'appelle mes domestiques.

Catau
(*bas à M. Grichard*).

Il ne fallait pas les chasser.

Lolive
(*faisant signe à son prévôt de jouer du violon*).

Allons, gai; ce petit prélude vous mettra en humeur. Faut-il vous tenir par la main, ou si vous avez quelque principe?

M. Grichard
(*portant sa colère à l'extrémité*).

Si vous ne faites enfermer ce maudit violon, je vous ar- 5 racherai les yeux.

Lolive.

Parbleu, monsieur, puisque vous le prenez sur ce ton-là, vous danserez tout à l'heure.

M. Grichard.

Je danserai, traître?

Lolive.

Oui, morbleu! vous danserez. J'ai ordre de Clarice de 10 vous faire danser; elle m'a payé pour cela, et, ventrebleu! vous danserez. Empêche, toi, qu'il ne sorte.

(*Il tire son épée, qu'il met sous son bras.*)

M. Grichard.

Ah! je suis mort! quel enragé d'homme m'a envoyé cette folle!

Catau
(*place M. Grichard à un coin du théâtre et va parler à Lolive*).

Je vois bien qu'il faut que je m'en mêle. Tenez-vous là, 15 monsieur; laisse-moi lui parler. Monsieur, faites-nous la grâce d'aller dire à monsieur de Saint-Alvar . . .

Lolive.

Ce n'est pas lui qui nous a fait venir ici; je veux qu'il danse.

M. Grichard.

· Ah! le bourreau! le bourreau!

Catau.

Considérez, s'il vous plaît, que monsieur est un homme grave.

Lolive.

Je veux qu'il danse.

Catau.

Un fameux médecin.

Lolive.

5   Je veux qu'il danse.

Catau.

Vous pourriez devenir malade, et en avoir besoin.

M. Grichard

(*tirant Catau*).

Oui, dis-lui que, quand il voudra, sans qu'il lui en coûte rien, je le ferai saigner et purger tout son soûl.

Lolive.

Je n'en ai que faire ; je veux qu'il danse, ou morbleu . . .

M. Grichard

(*entre ses dents*).

10   Le bourreau !

Catau

(*revenant auprès de M. Grichard*).

Monsieur, il n'y a rien à faire ; cet enragé n'entend point de raison : il arrivera ici quelque malheur ; nous sommes seuls au logis.

M. Grichard.

Il est vrai.

Catau.

15   Regardez un peu ce drôle-la, il a une méchante physionomie.

M. Grichard

(*le regardant de côté en tremblant*).

Oui, il a les yeux hagards.

Lolive.

Se dépêchera-t-on ?

M. Grichard.

Au secours, voisins, au secours !

Catau.

Bon ! au secours ; et ne savez-vous pas que tous vos voisins 20 vous verraient voler et égorger avec plaisir ? Croyez-moi, monsieur; deux pas de bourrée vous sauveront peut-être la vie.

M. Grichard.

Mais, si on le sait, je passerai pour fou.

Catau.

L'amour excuse toutes les folies, et j'ai ouï dire à monsieur Mamurra que lorsque Hercule était amoureux il fila pour la reine Omphale.

M. Grichard.

Oui, Hercule fila; mais Hercule ne dansa pas la bourrée, et de toutes les danses c'est celle que je hais le plus.

Catau.

Eh bien! il faut le dire; monsieur vous en montrera une autre.

Lolive.

Oui-dà, monsieur; voulez-vous les menuets?

M. Grichard.

Les menuets . . .? non.

Lolive.

La gavote?

M. Grichard.

La gavote . . .? non.

Lolive.

Le passe-pied?

M. Grichard.

Le passe-pied . . .? non.

Lolive.

Et quoi donc? tracanas, tricotés, rigaudons? en voilà à choisir.

M. Grichard.

Non, non, non; je ne vois rien là qui m'accommode.

Lolive.

Vous voulez peut-être une danse grave et sérieuse?

M. Grichard.

Oui, sérieuse, s'il en est, mais bien sérieuse.

Lolive.

Eh bien, la courante, la bocane, la sarabande?

M. Grichard.

Non, non, non.

Lolive.

Oh! que diantre voulez-vous donc? Demandez vous-même; mais hâtez-vous, ou par la mort ...

M. Grichard.

Allons, puisqu'il le faut, j'apprendrai quelques pas de la ... la ...

Lolive.

5 Quoi de la ... la ...

M. Grichard.

Je ne sais.

Lolive.

Vous vous moquez de moi, monsieur: vous danserez la bourée, puisque Clarice le veut, ou tout à l'heure, ventre-bleu ...

SCÈNE XVIII.

M. GRICHARD, ARISTE, LOLIVE, CATAU.

M. Grichard.

10 Ouf.

Ariste.

Qu'est-ce ci?

M. Grichard.

C'est que ...

Ariste.

Que vois-je?

M. Grichard.

Cet insolent voulait ...

Ariste.

15 Mon frère apprendre à danser!

M. Grichard.

Je vous dis que ce maraud ...

Ariste.

À votre âge!

M. Grichard.

Mais quand on vous dit ...

Ariste.

On se moquerait de vous.

M. Grichard.

Ah! voici l'autre.

Ariste.

Je ne le souffrirai point.

M. Grichard.

Oh! de par tous les diables, écoutez-moi donc, jaseur
éternel, piailleur infatigable; on vous dit que c'est ce coquin
qui me veut faire danser par force.   5

Ariste.

Par force!

M. Grichard

(*avec chagrin*).

Eh oui! par force.

Catau.

Oui, monsieur, la bourrée.

Ariste.

Et qui vous a fait si hardi, monsieur, que de venir céans?

Lolive.

Monsieur, monsieur, j'y viens de bonne part, et je m'en vais 10
dire à mademoiselle Clarice comment on y reçoit les gens
qu'elle envoie.

M. Grichard.

Oh! je n'y puis plus tenir; il faut que j'aille chercher ce
vieux fou de monsieur de Saint-Alvar, chanter pouille à
Clarice, à son père, et à tous ceux que je trouverai chez lui. 15

SCÈNE XIX.

ARISTE, CATAU.

Catau.

Le voilà parti. Que dites-vous de Lolive?

Ariste.

C'est un fort joli garçon. Oh! pour le coup, je crois mon
frère désabusé de Clarice.

Catau.

Ce n'est pas tout; il faut le ramener à son premier dessein,
et c'est à quoi nous devons aller travailler sans perdre un 20
instant.

ACTE III.

SCÈNE PREMIÈRE.

LOLIVE, CATAU.

Catau.

Que viens-tu chercher ici? Pourquoi n'as-tu pas pris ton autre équipage? Si monsieur Grichard revenait . . .

Lolive.

Il lui reste encore Clarice et Fadel à quereller.

Catau.

Il peut te surprendre, et te reconnaître.

Lolive.

5 Bon! reconnaître : tu ne saurais croire la vertu qu'ont les beaux habits pour changer les gens comme nous. Se mêler de pirouetter, et porter un habit doré, j'en connais plus de quatre à qui il n'en faut pas davantage pour ne se connaître pas eux-mêmes.

Catau.

10 Qu'as-tu donc à me dire?

Lolive.

Bien des choses sur ce que tu veux que je fasse.

Catau.

Dis-les donc vite.

Lolive.

Puisque Mondor est arrivé, qu'il se serve de ses gens . . .

Catau.

Il n'a amené avec lui que ce valet de chambre dont nous 15 avons déjà fait l'aumônier, que nous avons envoyé à monsieur Grichard. Il n'y a que toi qui puisses achever ce que tu as commencé.

Lolive.

Je ne saurais.

Catau.

Poltron !

Lolive.

Considère tout ce que tu me fais entreprendre dans une journée. Brillon sert à tes desseins, tu me le fais enlever; tu crains que Mamurra ne parle, tu me le fais tenir enfermé; tu me fais faire une peur terrible à un fort honnête médecin, qui est pour en avoir la fièvre. 5

Catau.

Qu'il se la guérisse.

Lolive.

Et tu veux que je lui donne encore une plus chaude alarme?

Catau.

Te voilà bien malade! N'as-tu pas été bien payé de ta leçon de danse? 10

Lolive.

Il est vrai.

Catau.

Ne le seras-tu pas au double de cette seconde expédition?

Lolive.

Je le crois.

Catau.

Et n'as-tu pas le plaisir de te venger d'un homme qui t'a mis dehors sans sujet? 15

Lolive.

Non; ma réputation m'est chère.

Catau.

Oh! garde-la, on ne prétend pas te l'ôter: mais compte que si tu ne fais pas ce que tu as promis à Mondor, tu dois être assuré de mille coups de bâton.

Lolive.

Mais si je le fais, et que monsieur Grichard me découvre, 20 crois-tu qu'il m'épargne?

Catau.

En ce cas, tu risquerais peut-être quelque bagatelle. Mais de ce côté-là les coups sont incertains, et très-sûrs du côté de Mondor, aussi bien que les cinquante pistoles qu'il t'a promises si tu le sers.

Lolive.

Ceci mérite un peu de réflexion. Oui, je vois que de toutes parts je risque le bâton : me voilà dans un grand embarras ; quel parti prendre ? Battu peut-être du côté de monsieur Grichard, rossé à coup sûr du côté de Mondor ; criminel à ne
5 faire pas ce que je lui ai promis, criminel à le faire,

Des bâtons aujourd'hui je n'ai plus que le choix [1].

Catau.

Tu es dans le fait.

Lolive.

Hé bien ! il n'y a plus à hésiter ; coups de bâton pour coups de bâton, il faut se déterminer en faveur de ceux qui seront
10 accompagnés d'un lénitif de cinquante pistoles : mais qui m'en sera caution ?

Catau.

Qui ? Mondor, qui donnerait toutes choses pour ne pas perdre ce qu'il aime ; Térignan, Hortense, Clarice, **Ariste.** Es-tu content ?

Lolive.

15 Non.

Catau.

Encore ?

Lolive.

Non, te dis-je : donne-moi une caution que je puisse prendre au corps.

Catau.

Hé bien ! moi.

Lolive.

20 Toi ?

Catau.

Moi.

Lolive.

Je le veux.

Catau.

Va donc te préparer. (*Seule.*) Enfin voilà notre affaire en bon train ; et si nos amants sont heureux, ils m'en auront
25 toute l'obligation.

---

[1] Vers de Brutus.

SCÈNE II.

M. FADEL, CATAU.

Catau.

Mais que vois-je? Ce sot de Fadel viendrait-il mettre
quelque obstacle à nos desseins? Il ne m'incommodera pas
longtemps, si ses questions ne sont pas plus longues que mes
réponses.

M. Fadel.

Je cherche votre M. Grichard.   5

Catau.

Vous?

M. Fadel.

Il a passé chez moi.

Catau.

Lui?

M. Fadel.

Mais il ne m'y a pas trouvé.

Catau.

Non?   10

M. Fadel.

Il me fait un beau tour aujourd'hui.

Catau.

Oui?

M. Fadel.

Il ne veut plus me donner Hortense.

Catau.

Ouais!

M. Fadel.

Et moi, je viens lui dire que je ne m'en soucie guère.   15

Catau.

Voyez?

M. Fadel.

Je ferai une meilleure alliance.

Catau.

Oui-dà?

M. Fadel.

J'attends bien après sa fille!

Catau.

Bon !

M. Fadel.

Croit-il avoir affaire à un sot ?

Catau.

Ho ! ho !

M. Fadel.

Je lui ferai bien voir que je ne le suis pas.

Catau.

5   Ah ! ah !

M. Fadel.

Ne manquez pas de lui dire, au moins.

Catau.

Non.

M. Fadel.

Je me moque de lui.

Catau.

Oui.

M. Fadel.

10   Et il s'en repentira.

Catau.

Ha ! ha ! . . . (*Seule.*) Me voilà délivrée de cet importun,
Dieu merci. Allons avertir ma maîtresse de l'arrivée de
Mondor. Mais le voici lui-même. Oh, ciel ! quelle imprudence ! ne pouviez-vous pas attendre Hortense chez Clarice ?
15 Que venez-vous faire ici ?

SCÈNE III.

MONDOR, CATAU.

Mondor.

Il y a une heure que je n'entends plus parler de toi. Où
est cette grande ardeur que tu m'as fait voir à mon arrivée ?
Je ne vois ni ta maîtresse, ni toi, ni l'homme que tu devais
m'envoyer.

Catau.

20   Il est chez Clarice, de l'heure que je vous parle, et
Hortense y sera bientôt. Je vais l'avertir ; retournez-vous-
en vite l'y attendre.

Mondor.

Mais te dépêcheras-tu?

Catau.

Eh! allez, vous dis-je.

Mondor.

Hâte-toi donc.

Catau.

Eh! hâtez-vous vous-même.

Mondor.

Si tu savais que les moments me durent! 5

Catau.

Si vous saviez que vous me pesez!

Mondor.

Viens au moins bientôt.

Catau.

Eh! commencez par vous en aller. Mort de ma vie, que
les gens sont sots quand ils sont amoureux! Cela serait ca-
pable de refroidir l'inclination que j'ai de leur rendre service. 10
Hors d'ici! vous dis-je. Mais, peste soit de vous! voici
monsieur Grichard. Il nous a vus ensemble, nous ne pouvons
l'éviter; que ferons-nous? Attendez: par bonheur il ne vous
connaît point, consultez-le sur la première chose qui vous
viendra en tête; il vous expédiera bientôt, et vous viendrez 15
me retrouver: en tout cas je vous enverrai Ariste pour vous
dégager.

Mondor.

Laisse-moi faire; je vais lui tenir des discours qui me feront
bientôt chasser.

SCÈNE IV.

M. GRICHARD, CATAU, MONDOR.

M. Grichard.

Qui est cet homme-là? Encore un maître à danser? 20

Catau.

Que dites-vous là? Prenez garde qu'il ne vous entende.
Diable! c'est un homme de la première condition, qui sur

quelque maladie extraordinaire veut avoir de vos ordonnances.

M. Grichard.

Qu'il se dépêche.

SCÈNE V.

M. GRICHARD, MONDOR.

M. Grichard.

✶ Que demandez-vous? de quel mal vous **plaignez-vous**?
5 Vous avez un visage de santé.

Mondor.

Aussi, monsieur, ne suis-je pas malade.

M. Grichard.

Que voulez-vous donc? le devenir?

Mondor.

Non, monsieur.

M. Grichard.

Dites-moi donc au plus tôt ce que vous voulez.

Mondor.

10 Je sais, monsieur, que vous êtes un très-habile homme.

M. Grichard.

Point de panégyrique.

Mondor.

Je crois que vous n'ignorez aucun des secrets. . . .

M. Grichard.

J'ignore celui de me délivrer des importuns.   Eh bien! aux secrets?

Mondor.

15 Vous n'avez pas de temps à perdre.

M. Grichard.

En voilà de perdu.

Mondor.

Je n'ai à vous dire qu'un mot.

M. Grichard.

Eh! en voilà plus de cent.

Mondor.

J'ai ouï dire qu'il y a des secrets pour se faire aimer; qu'on donne certains breuvages, certains philtres . . .

M. Grichard.

Comment diable ! pour qui me prenez-vous ?

Mondor.

Pour un très-savant et très-honnête homme.

M. Grichard.

Et vous me demandez des secrets pour vous faire aimer ? 5

Mondor.

Eh ! non, monsieur; grâce à Dieu, la nature n'y a pourvu que de reste.

M. Grichard.

Ah ! voici un fat.

Mondor.

Il y a trois ou quatre femmes qui m'incommodent à force d'etre entêtées de moi; j'aime ailleurs à la rage. Il y a des 10 secrets pour se faire aimer, apprenez-m'en quelqu'un, je vous prie, pour me rendre indifférent.

M. Grichard.

À ces femmes qui vous aiment à la folie ?

Mondor.

Oui, monsieur.

M. Grichard.

Prenez . . .   15

Mondor.

Fort bien.

M. Grichard.

Deux ou trois fois seulement . . .

Mondor.

J'entends.

M. Grichard.

Aussi mal votre temps avec elles que vous le prenez avec moi, elles vous haïront plus que tous les diables. Adieu. 20

Mondor.

Bon !

SCÈNE VI.

M. GRICHARD, ARISTE.

M. Grichard.

Il m'avait bien trouvé en état d'écouter ses balivernes. Je
suis au désespoir de la fuite de Brillon. Eh bien ! m'apportez-
vous des nouvelles de ce petit pendard ?

Ariste.

· Catau l'est allé chercher. Mais vous ne partirez pas demain ?

M. Grichard.

5 À la pointe du jour.

Ariste.

Ce sera donc après avoir donné ordre à l'affaire de monsieur
de Saint-Alvar ?

M. Grichard.

L'ordre est tout donné.

Ariste.

Comment donc ?

M. Grichard.

10 Je n'en veux plus entendre parler.

Ariste.

Je vous admire, mon frère. Hier vous vouliez donner
Térignan à Clarice, et Hortense à Mondor ; ce matin vous
vouliez épouser Clarice, et donner votre fille à monsieur
Fadel ; et ce soir vous ne voulez faire ni l'un ni l'autre.

M. Grichard.

15 Non, non, non ; de par tous les diables, non.

Ariste.

Voilà cependant trois fois, de bon compte, que vous changez
de sentiment dans un jour.

M. Grichard.

J'en veux changer trente, s'il me plaît ; et, afin qu'on ne
m'en vienne plus rompre la tête, je suis bien aise de m'être
20 engagé, en votre présence, de partir demain matin pour aller

voir à la campagne ce seigneur malade qui m'a fait l'honneur de m'envoyer son aumônier.

Ariste.

Mais au moins, avant que de partir, vous devriez prendre quelque ajustement avec monsieur de Saint-Alvar.

M. Grichard.

Je n'en ferai rien.   5

Ariste.

Il a de puissants amis.

M. Grichard.

Je m'en moque.

Ariste.

Vous lui avez donné votre parole.

M. Grichard.

Qu'il la garde.

Ariste.

Il vient de vous dire à vous-même qu'il savait le moyen de 10 vous la faire tenir.

M. Grichard.

Je l'en défie.

Ariste.

Il s'est mis en frais pour ces mariages.

M. Grichard

(*Catau épie*).

Pourquoi s'y mettait-il ?

Ariste.

Vous serez condamné à de grands dommages et intérêts.   15

M. Grichard.

Oh ! vous ne les payerez pas pour moi.

Ariste.

Non : mais . . .

M. Grichard.

Après ce que j'ai vu de Clarice, quand il m'en devrait coûter tout mon bien, et que toute la terre s'en mêlerait, j'aimerais mieux être pendu, roué, grillé, que d'épouser cette 20 créature.

SCÈNE VII.

M. GRICHARD, ARISTE, CATAU.

Catau.

Ah, monsieur !

M. Grichard.

Qu'est-ce ?

Catau.

Brillon s'est enrôlé.

M. Grichard.

Enrôlé !

Catau.

5   Oui, monsieur, enrôlé pour aller à la guerre.

M. Grichard.

À la guerre ?

Ariste.

On s'est moqué de toi.

Catau.

Monsieur, j'ai parlé moi-même au sergent et au capitaine.

M. Grichard.

Le fripon !

Ariste.

10   Quel malheur ?

Catau.

Oui, monsieur.

M. Grichard.

Mais ce capitaine est enragé, et il se fera casser d'enrôler des garçons de quinze ans : on veut aujourd'hui de grands soldats.

Catau.

15   C'est ce que je lui ai dit. Il m'a répondu que cela était bon pour ceux qui vont en Flandre, en Piémont, et en Allemagne ; mais que pour lui il lui était permis d'enrôler de jeunes garçons.

M. Grichard.

De jeunes garçons ? le traître !

Catau.

20   Oui, monsieur ; il a ordre, à ce qu'il dit, de les mener si loin, qu'avant qu'ils y soient arrivés, il auront tous de la barbe.

M. Grichard.

Comment diantre ! où les mène-t-il ?

Catau.

Tenez, monsieur, de crainte de l'oublier je me le suis fait
écrire sur cette carte ; voyez.

M. Grichard.

À . . . à Madagascar . . . Brillon à Madagascar !

Catau.

Ils disent, monsieur, que ce n'est pas loin de l'autre monde. 5

Ariste.

C'est sans doute, mon frère, pour cette colonie dont vous
avez ouï parler. Voilà un garçon perdu.

Catau

(*en pleurant*).

Hélas ! monsieur, je viens de voir ce pauvre enfant ; on l'a
déjà habillé de vert, avec un bonnet à la dragonne ; (*en riant*)
et . . . on lui fait apprendre à jouer du tambour. Tenez, 10
monsieur, cela fait rire et pleurer.

M. Grichard.

Et où loge ce maudit capitaine, que je lui aille laver la tête ?

Catau.

Il ne loge point, il campe toujours.

M. Grichard.

Viens ; mène-moi où tu l'as vu. Il faut que j'aille trouver
ce Turc, et que . . . 15

Catau.

Gardez-vous-en bien.

M. Grichard.

Comment, coquine ?

Catau.

Eh bien ! monsieur, vous pouvez y aller : mais je vous
avertis au moins de faire votre testament, et de prendre congé
de vos malades. 20

M. Grichard.

Qu'est-ce à dire ?

Catau.

C'est-à-dire, monsieur, que ce capitaine cherche partout des
médecins pour les mener en ce pays-là.

Ariste.

Des médecins? Gardez-vous bien d'y aller.

M. Grichard.

Voici pour moi un jour bien malencontreux ... **C'est le** seul de mes enfants qui promet quelque chose.

Catau.

Il est vrai qu'il vous ressemble déjà comme deux gouttes
5 d'eau.

M. Grichard.

Il faut que tu y retournes avec de l'argent, et que ...

Catau.

Monsieur, ils m'enrôleront: le sergent me voulait prendre, moi, si je ne me fusse promptement sauvée. Il dit qu'ils ont ordre d'y mener aussi des filles.

M. Grichard.

10   Tubleu! voilà de terribles enrôleurs.

Catau.

Vous moquez-vous? monsieur Mamurra a voulu y aller pour chercher Brillon : à son langage on l'a pris pour un médecin (vous savez qu'il parle comme un fou); d'abord il a été coffré. Je ne l'ai pas vu ; mais je l'ai entendu hurler dans
15 une chambre où il jure en Latin comme un possédé : cependant ils partent demain matin.

Ariste.

Il faut y envoyer quelqu'un en diligence.

M. Grichard.

Mais que diantre pourrons-nous trouver qui soit à l'abri de l'enrôlement?

Catau
(*bas, à M. Grichard*).
20   Eh? priez monsieur que voilà.

M. Grichard.

Qui, lui?

Catau
(*bas*).

Eh! vraiment oui, lui: il ne risque rien, on n'a que faire d'avocats en ce pays-là.

M. Grichard.

On s'en passerait bien en celui-ci ... Allez-y donc ; et, à quelque prix que ce soit. . . .

Ariste.

Je n'épargnerai rien assurément ; et je vous ramènerai Brillon, ou j'y perdrai mon Latin.

M. Grichard.

Vous ne perdriez pas grand'chose. 5

Catau.

Monsieur, vous pourriez encore trouver ce capitaine chez son oncle.

Ariste.

Son oncle ?

Catau.

Monsieur de Saint-Alvar.

M. Grichard.

Quoi ! ce capitaine est donc ce neveu dont il nous a si 10 souvent parlé ?

Catau.

Oui, monsieur ; et il devait aller prendre congé de lui : je crois qu'il y est à présent.

Ariste.

J'y cours pour ne le pas manquer ; il n'y a qu'un pas d'ici ; dans un moment je vous rends réponse. 15

SCÈNE VIII.

M. GRICHARD, CATAU.

Catau.

Je crains bien, monsieur, qu'on ne veuille pas lui rendre votre fils.

M. Grichard.

Pourquoi non, gueuse ?

Catau.

Ce capitaine fait litière d'argent : c'est un marquis de vingt mille livres de rente ; il a un équipage de prince ; et ses 20 gens m'ont dit que le roi lui a donné le gouvernement de Madagascar.

M. Grichard.

Il faut que tous les diables soient déchaînés aujourd'hui contre moi.

Catau
(*bas*).

5   Pas tous encore.   Que je plains ce pauvre enfant !

M. Grichard.

Morbleu ! si ce seigneur malade que je dois aller voir demain était à Paris, je ferais bien voir à ce capitaine ... Mais que cherche ici ce soldat ?

SCÈNE IX.

M. GRICHARD, LOLIVE, en soldat, avec une hallebarde, CATAU.

Catau.

Ah ! monsieur, c'est le sergent de ce capitaine.

M. Grichard.

10   Peut-être il me vient rendre Brillon.

Lolive.

Brillon ? non.

M. Grichard
(*bas, en tremblant*).

Oh ! oh ! c'est ce coquin de maître à danser.

Catau
(*apres s'être approchée pour le regarder*).

Monsieur, c'est lui-même ; je ne l'avais pas d'abord reconnu.

Lolive.

Oui, monsu : depuis que je n'ai eu l'honneur de vous voir,
15 on m'a offert une hallebarde.   Je ne suis plus Rigaudon, je suis à présent monsu de la Motte, à vous servir.

M. Grichard.

La peste te crève !

Lolive.

Je viens vous prier, monsu, de n'avoir aucune rancune de l'affaire de tantôt.

M. Grichard.

Le diable t'emporte !

Lolive.

Si vous avez quelque chose sur le cœur pourtant . . .

M. Grichard.

Monsieur Rigaudon ! ou monsieur de la Motte, comme il
vous plaira, sortez vite d'ici, et laissez-moi en repos.

Lolive.

J'y viens aussi, monsu, pour vous avertir de la part de mon 5
capitaine de ne vous pas faire attendre demain matin.

M. Grichard.

Qu'est-ce à dire ?

Lolive.

C'est-à-dire, monsu, que vous soyez prêt pour partir à
quatre heures.

M. Grichard.

Qui, moi ?   10

Lolive.

Vous-même, monsu.

Catau

(*le copiant*).

Vous le prenez pour un autre, monsu.

Lolive.

Non, ma belle enfant, non : n'est-il pas monsu Grichard ?
Vous irez, monsu, d'ici à Brest, dans le carrosse de mon capitaine ; et là vous vous embarquerez en bonne compagnie.   15

M. Grichard.

Quel galimatias me faites-vous là ?

Lolive.

Galimatias, monsu ? N'avez-vous pas promis de partir demain matin, à l'homme que mon capitaine a envoyé ici tout
à l'heure ?

Catau.

Vous équivoquez, monsu ; monsieur n'a promis de partir 20
demain matin qu'à un aumônier.

Lolive.

Justement ! voilà l'affaire : c'est l'aumônier de notre régiment.

M. Grichard.

Ah ! je suis perdu.

Catau.

Mais c'est pour aller voir un seigneur malade à la campagne que monsieur a promis de partir.

Lolive.

Eh ! voilà ce que c'est aussi. Cette campagne, c'est Mada-
5 gascar, bon pays ; et ce seigneur malade, c'est le vice-roi de l'île, brave homme.

M. Grichard.

Ah ! qu'ai-je fait ? qu'ai-je fait ?

Lolive.

Vous serez, morbleu, son premier médecin ! je vous en donne ma parole.

Catau.

10 Quoi ! monsieur, vous irez aussi à Madagascar ?

M. Grichard.

J'enrage ?

Lolive.

Assurément, monsu ira ; il en a donné sa parole par écrit, et mon capitaine le fera bien marcher.

M. Grichard
(*avec fureur*).

Oh ! je n'en puis plus. Va-t'en dire, scélérat, à ton aumô-
15 nier, à ton capitaine, à ton vice-roi, et à tous les Madagasca-
riens, qu'ils ne se jouent pas à la colère d'un médecin.

Lolive.

Monsu, monsu, vous êtes homme d'honneur : et, puisque vous vous y êtes engagé, vous irez . . .

M. Grichard.

Oui, traître, j'irai tout à l'heure faire assembler la faculté.

Lolive.

20 Et moi le régiment ; nous verrons qui l'emportera.

M. Grichard

Ceci intéresse tous mes confrères.

Lolive.

Eh! monsu, si vous pouviez en emmener quelqu'un avec vous, le beau coup! il n'en resterait encore que trop pour Paris.

SCÈNE X.

ARISTE, M. GRICHARD, LOLIVE, CATAU.

Ariste.

On ne veut point absolument vous rendre votre fils.

Catau.

Il y a bien d'autres affaires.   5

Ariste.

Comment?

Catau.

Voilà monsieur qui va aussi à Madagascar.

Ariste.

Mon frère?

Catau.

Il s'y est engagé; on l'a surpris: vous y étiez présent.   Cet aumônier . . .   10

Ariste.

Ah! je vois ce que c'est; quelle trahison!

Lolive.

Vous moquez-vous, monsu? il fera fortune en ce pays-là; on n'y est pas encore désabusé des médecins.

M. Grichard.

Le bourreau!

Lolive.

C'est le plus beau séjour du monde pour les gens de sa 15 profession.

M. Grichard.

Le traître!

Lolive.

C'est de là que viennent toutes les drogues spécifiques.

M. Grichard.

L'infâme.

O 2

Lolive.

Quel plaisir pour un médecin de se voir à la source de la casse, du séné, et de la rhubarbe !

M. Grichard

(*en fureur*).

Il faut que j'étrangle ce scélérat.

Lolive

(*lui présentant la hallebarde*).

Halte-là. Adieu, monsu. Si vous n'êtes chez mon capitaine
5 demain matin à quatre heures, vous aurez ici, à cinq, trente soldats logés à discrétion.   Serviteur, jusqu'au revoir.

Catau.

Je soupçonne, monsieur, quelque chose dont il faut que j'aille m'éclaircir.   Il y a ici quelque trahison.

SCÈNE XI.

M. GRICHARD, ARISTE.

Ariste.

Voilà, mon frère, ce que vous coûte votre gronderie ; le
10 soufflet que vous avez donné à Brillon est cause de tout.   Le petit fripon s'est allé enrôler, et a donné lieu à la pièce qu'on vous a faite ; vous aurez de la peine à vous en tirer.   Je vous l'ai dit mille fois, votre mauvaise humeur vous attire toujours ...

M. Grichard.

15   Ah! courage : il est question de chercher des expédients pour qu'on ne nous mène pas, Brillon et moi, à Madagascar, et la démangeaison de moraliser vous prend.

Ariste.

Pour moi, je ne vois pas quels expédients employer où l'argent est inutile : aux maux sans remède le plus court est
20 de prendre patience.   Cependant la prudence veut ...

M. Grichard.

Ah! quel homme ! Savez-vous bien, monsieur mon frère, que j'aimerais mieux aller mille fois à Madagascar, à Siam, et

à Monomotapa, que d'entendre moraliser si hors de saison?
Voilà-t-il pas ce qu'on vous reprochait l'autre jour à l'audi-
ence? Vous jasâtes une heure sur les anciens Babyloniens,
et il était question au procès d'une chèvre volée. J'enrage
quand je vois . . .   5

SCÈNE XII.

TÉRIGNAN, M. GRICHARD, ARISTE.

Térignan.

Mon père, je sais le tour qu'on vous a joué; j'ai découvert
d'où cela vient, et je viens vous dire qu'il ne tiendra qu'à vous
de ne point aller à Madagascar, et de ravoir mon frère sans
qu'il vous en coûte rien.

M. Grichard.

Comment?   10

Térignan.

Monsieur de Saint-Alvar est cause de tout.

Ariste.

Monsieur de Saint-Alvar?

Térignan.

Lui-même. Par malheur il est proche parent de ce capitaine . . .

M. Grichard.

Je sais qu'il est son oncle. Achève.   15

Térignan.

Eh bien! il s'est allé plaindre à son neveu que vous lui avez
manqué de parole, et que c'est le plus sensible affront qu'on
puisse faire à un gentilhomme.

M. Grichard.

Le maudit vieillard!

Ariste.

Il avait bien dit qu'il savait le moyen de se venger.   20

Térignan.

Ce capitaine a juré qu'il vous emmènerait, vous et mon
frère, si vous n'épousiez Clarice.

M. Grichard.

Moi, que j'épouse cette baladine ? J'aimerais autant épouser l'Opéra.

Térignan.

Je vais donc lui dire qu'il n'y a rien à faire.

Ariste.

Attendez, mon neveu. Prenons ici un expédient pour con-
5 tenter tout le monde : il doit leur être indifférent qui de vous deux épouse Clarice.

Térignan.

Ah ! mon oncle, je vous entends ; n'en dites pas davantage. Vous savez bien que je suis engagé à Nérine.

M. Grichard.

Nérine, pendard ? la fille d'un médecin qui n'est jamais de
10 mon avis.

Térignan.

Mon oncle, je vous supplie . . . mon père, je vous conjure . . .

M. Grichard.

Tais-toi, maraud. Dusses-tu enrager, tu épouseras Clarice, s'il ne faut que cela pour nous tirer d'affaire.

Térignan.

15 Oh ! j'aime mieux aller aussi à Madagascar.

M. Grichard.

Tu n'iras point à Madagascar, et tu l'épouseras.

SCÈNE XIII.

M. GRICHARD, TÉRIGNAN, ARISTE, CATAU.

Catau.

Monsieur, je vous prie de me donner mon congé.

M. Grichard.

Pourquoi ton congé ?

Catau.

Je ne veux plus servir une extravagante.

M. Grichard.

Que t'a-t-elle fait ?

Catau.

Est-ce que monsieur ne vous en a rien dit ?

Ariste.

Ma nièce m'a prié de n'en point parler.

Catau.

Refuser un parti si avantageux, et qui nous mettrait tous
hors d'embarras !   5

M. Grichard.

Quel parti ?

Catau.

Comment, monsieur ? Ce neveu de monsieur de Saint-
Alvar, ce marquis de vingt mille livres de rente, ce gouverneur
de Madagascar, a chargé monsieur de vous demander Hortense en mariage.   10

Ariste.

Il est vrai, mon frère ; mais elle a quelque secrète aversion
pour lui.

Catau.

Aversion pour un homme de vingt mille livres de rente, et
qui est fait à peindre ! Vous l'avez vu, monsieur ?

M. Grichard.

Qui, moi ? et quand ?   15

Catau.

Tout à l'heure : c'est cet homme de condition qui est venu
vous consulter . . .

M. Grichard.

Qui ? ce grand flandrin ? il est encore plus sot que Fadel
mais il n'est que trop bon pour Hortense.

Ariste.

C'est un homme, après tout, que nous ne connaissons pas 20
bien ; et je trouve que ma nièce a raison.

M. Grichard.

Et moi, je trouve que votre nièce est une sotte.

Catau.

Assurément, monsieur. Je sais bien d'où vient son aversion ; elle est affolée de son Mondor, qui ne viendra peut-être jamais.

M. Grichard.

La coquine ! Je vois ce que c'est ; ils sont tous d'intelligence contre moi et Brillon ; ils voudraient déjà nous savoir
5 bien loin. Ah ! parbleu ! je ne serai pas leur dupe. Allons, allons, Catau.

Catau.

Que vous plait-il, monsieur ?

M. Grichard.

Fais venir Hortense, et va dire à monsieur de **Saint-Alvar**, à Clarice, et à ce marquis, de se rendre ici tout à l'**heure**.

Catau.

10   J'y cours ; vous les aurez dans un moment.

SCÈNE XIV.

M. GRICHARD, ARISTE, TÉRIGNAN.

M. Grichard
(*à Térignan, qui fait semblant de vouloir fuir*).

Oh ! ne songe pas, toi, à nous échapper ; demeure là entre ton oncle et moi ; que je te voie ; et songe que, si tu ne fais les choses de bonne grâce, je te . . . Oh ! oh ! . . .

Térignan.

Mon père . . . !

M. Grichard.

15   Attends-toi que je te donne à ta Nérine.

Térignan.

Vous avez beau faire, vous ne me ferez jamais épouser Clarice par force.

M. Grichard.

De force ou de gré, tu l'épouseras.

SCÈNE XV.

M. GRICHARD, ARISTE, TÉRIGNAN, HORTENSE,
CATAU, Le Notaire.

Catau.

Monsieur de Saint-Alvar consent à tout : vous aurez ici les
autres dans un moment.

M. Grichard.

Ah ! tu as fait venir aussi monsieur Rigaut ?

Catau.

J'ai cru que vous en auriez besoin.

M. Grichard.

Allons, monsieur le notaire, deux contrats ; je marie Térig- 5
nan avec Clarice.

Le Notaire.

Monsieur, ledit contrat est dressé depuis hier ; il n'y aura
qu'à signer quand les parties contractantes seront ici.

Térignan.

Mais, mon père, épousez Clarice, je vous en conjure.

Hortense.

Oui, mon père, épousez-la, je vous en supplie, et ne me 10
donnez point à ce marquis.

M. Grichard.

Ah ! parbleu, voici qui est drôle. Je veux marier mes
enfants, et mes enfants me veulent marier, moi.

Le Notaire.

Monsieur, en pareil cas nous avons accoutumé de préférer
la volonté des pères à celle des enfants ; c'est notre style. 15

M. Grichard.

Je le crois bien vraiment, ce style est bon. Allons, monsieur, afin que tout soit prêt quand les autres viendront. Je
marie aussi Hortense à monsieur le marquis de . . . de . . .

Catau.

Attendez, monsieur, je sais son nom et ses qualités ; je vais les lui dicter.   (*à M. Grichard.*)   Ne vous rendez pas au moins. (*dictant au notaire.*) Marquis de Tissac.

Le Notaire.

Sac.

Catau.

Gouverneur pour le roi de l'île de Madagascar.

Le Notaire.

5   Car.

M. Grichard.

Entends-tu, impertinente? vois ce que tu refuses.

Hortense.

Quoi! mon père, épouserai-je un homme qui me mènera au bout du monde?

Catau.

Allez, mademoiselle, je connais des femmes qui font bien 10 voir plus de pays à leurs époux ... Mais les contrats sont dressés, et voici nos gens qui arrivent tout à propos.

SCÈNE XVI.

M. RIGAUT, dans le fond du théâtre; CLARICE, TÉRIGNAN, ARISTE, sur la droite; M. GRICHARD, dans le milieu; MONDOR, HORTENSE, CATAU et BRILLON, sur la gauche; MAMURRA.

Mondor.

Monsieur, sur la parole qui m'a été donnée de votre part, voilà votre fils que je vous ramène avec plaisir.

M. Grichard.

'Vous m'avez pourtant traité ... mais laissons cela; nous 15 en dirons deux mots quelque jour.   Et mon écrit?

Mondor.

Je vous le rendrai quand vous aurez signé les deux contrats.

M. Grichard.

Signons donc.

Mamurra.

Monsieur.

M. Grichard.

Oh! va-t'en à Madagascar, toi.

Brillon.

Mon père, laissez-moi aller, je vous prie, avec monsieur le marquis.

M. Grichard.

Paix, fripon! Ne perdons point de temps, il est tard. Donnez, que je signe. (*Il signe.*)   5

Térignan.

Mon père, je vous déclare au moins . . .

M. Grichard.

Signe seulement. (*Il signe.*)

Hortense.

Je ne veux pas aller . . .

M. Grichard.

Dépêche-toi. Ah! ah! je vous ferai bien voir que je suis le maître. (*Elle signe, et Clarice aussi.*)   10

M. Rigaut.

Il ne reste à signer que monsieur Mondor.

Mondor
(*après avoir signé*).

Voilà qui est fait.

M. Grichard.

Mondor! qu'est-ce à dire?

Catau.

Oui, monsieur, voilà Mondor : c'est lui qui, par mon ordre, vous avait enrolés, vous et Brillon. C'est moi qui l'avais fait 15 marquis et gouverneur de Madagascar. Il renonce à cette heure au marquisat et au gouvernement; il a tout ce qu'il souhaite.

M. Grichard.

Ah! peste maudite, je t'étranglerai! et toi, scélérate, c'est donc ainsi . . .   20

Catau.

Monsieur, elle n'a fait que suivre votre volonté. Vous la voulûtes hier donner à Mondor, vous la lui donnez aujourd'hui; de quoi vous plaignez-vous?

Mondor.

Monsieur, l'honneur de votre alliance, l'amour . . .

M. Grichard.

Tarare ! l'honneur, l'amour . . . Ah ! j'enrage, je crève ; me voilà vendu, trompé, trahi, assassiné de tous côtés : mais tu seras pendu, faussaire exécrable.

M. Rigaut.

5 Ma foi, monsieur, vous ne ferez pendre personne : ces deux contrats sont dans mon registre par votre ordre depuis hier ; vous les signez aujourd'hui.

Ariste

(*riant*).

Mon frère, si vous étiez d'une autre humeur, nous aurions pris d'autres mesures.

M. Grichard

(*s'en allant*).

10 Morbleu ! il en coûtera la vie à plus de quatre.

Catau.

De ses malades peut-être. Mais allons nous réjouir, et que le Grondeur se pende, s'il veut.

FIN DU GRONDEUR.

NOTES.

On Brueys see an interesting article in Messrs. Haag's Biographical Dictionary, 'La France Protestante,' vol. iii. pp. 41–44.

l. 9. Jacques Bénigne Bossuet, 1627–1704. The exact title of the book is 'Réponse au livre de M. de Condom, intitulé Exposition de la doctrine catholique,' Geneva, 1681, 12mo. La Haye, 1682, 12mo. 'Cet ouvrage trop peu connu,' say Messrs. Haag, 'est écrit d'un style clair, simple, et avec une grande force de logique.'

P. 128, l. 1. *Aix* (Lat. *Aquæ Sextiæ*) formerly capital of Provence, now the chief place of a district (*arrondissement*) in the department of Bouches du Rhône.

l. 22. *Du capitoulat.* The municipal magistrates at Toulouse were called *capitouls*, from the *Capitole*, name of the building where they used to assemble. Toulouse (Lat. *Tolosa*) is the chief town of the department of Haute-Garonne.

l. 25. Christina, queen of Sweden (1626–1689), daughter of Gustavus Adolphus.

P. 129, l. 11. Publius Terentius Afer (B.C. 200–159?). The imitation which Brueys and Palaprat wrote of the Eunuchus is very good. The Farce de Maistre Pierre Patelin is supposed really to have been composed during the reign of Louis XI. Its author is not known. See the preface to the excellent edition published by M. Édouard Fournier in the 'Théâtre Français avant la Renaissance,' 1 vol. 8vo. Paris, 1873.

Madame de Maintenon (Françoise d'Aubigné, 1635–1719) secretly married, in 1684, to Louis XIV (1638–1715, king of France in 1651).

l. 18. *Charles VIII* (1470–1498) son of Louis XI (1423–1483).

l. 24. *Montpellier* (Lat. *Mons Pesulanus*), capital of the department of Hérault, in the south of France.

l. 28. *Nantie*, in possession of. *Nantir* (from the O. F. *nam*, a pledge) means to seize, to give a pledge to.

Avertissement.

P. 130, l. 7. *dans sa nouveauté.* ' *Le Grondeur* n'eut, dans la nouve-auté, qu'un succès assez médiocre, et surtout assez peu lucratif pour les auteurs ; mais ce succès alla toujours croissant ; la pièce réunit les suffrages des connaisseurs ; elle resta au répertoire de Paris, et fit le plus grand plaisir dans les provinces.' (Geoffroy.)

l. 9. *Et d'agrément.* 'Les deux amis avaient d'abord fait *le Grondeur* en cinq actes : on entendait beaucoup parler de ce singulier personnage avant de le voir ; il ne paraissait qu'à la fin du second acte, annoncé et préparé avec autant de soin que *le Tartufe.* C'est dans cet état qu'il fut présenté au tribunal de Champmêlé, alors l'oracle de la Comédie. (Charles Chevillet, sieur de Champmêle, died 1701, celebrated as an actor, composed also a few pretty comedies.) Il reçut assez mal les auteurs du *Grondeur* avec leurs cinq actes ; à peine daigna-t-il écouter leurs raisons : apres avoir ouï les parties, il rendit un arrêt définitif et sans appel, qui réduisait *le Grondeur* à trois actes. Les auteurs, forcés de se soumettre, n'eurent d'autre parti à prendre que d'exécuter cet arrêt. L'opération faite, Brueys partit pour son pays, laissant à Palaprat le soin de leur enfant commun. Palaprat était facile et accommodant ; les comédiens, peu contents d'avoir exterminé deux actes de la piece, exi-gèrent encore dans les trois qui restaient beaucoup de changements et de coupures. Le bon Palaprat se laissa mutiler, et, sans qu'il s'en aperçût, son troisième acte se fondit entre ses mains ; il fallut qu'il en forgeât un autre à la hâte, et l'on ne s'aperçoit que trop de la précipita-tion avec laquelle il fut composé.' (Geoffroy.)

ACTE I.

Scène I.

P. 132, l. 5. *Catau*, abbreviation for *Catherine.* 'Le parterre, accou-tumé aux Lisettes, aux Finettes, aux Toinettes, a paru surpris de ce nom de *Catau*, qu'il n'a pas trouvé sans doute assez noble pour la servante de M. Grichard. Catau est le diminutif de Catherine.' (Geoffroy.)

Scène II.

P. 133, l. 9. *Céans*, here within ; from *ici* and *en ;* spelt in the ancient authors *caenz, caienz, caiens, chaiens, caians, ceanz, ceenz, ceienz.* *Céans* has become obsolete, and the corresponding *Léans* = *là, en,* cannot be found in any author of later date than La Fontaine.
'L'épouse de *léans*
à dire vrai, recevait bien les gens.'
(La Mandragore.)

Scène III.

P. 134, l. 16. *à ce compte là,* if that is the case.

P. 135, l. 1. *Diantre,* euphemism for *diable.* 'Il couroit à travers pays comme si *le diantre* l'eust emporté.' (Bonaventure Despériers.)

l. 18. *Il n'y a que trop d'apparence,* that is only too likely.

l. 21. *Que oui!* I should think so.

P. 137, l. 5. *Il ne s'en faut pas d'une syllabe,* it is true to a syllable; literally not one syllable is wanting.

l. 20. *Rebuté,* repelled. Etym. *re, buter* = to knock. 'C'est un homme sans raison et sans modération, qui nous *bute* en tout, et qui nous persécute.' (Bourdaloue.)

P. 138, l. 1. *Truchement,* interpreter, from the Span. *trucheman,* a dragoman.

l. 2. *Singe.* The old proverb 'payer en monnaie de singe,' = not to pay at all, to delude a person by grimaces or false promises, is derived from an historical fact thus explained in Étienne Boisleve's Livre des mertiers : 'Li singes au marchant doit quatre deniers, se il pour vendre le porte ; et se li singes est au joueur, jouer en doit devant le peagier, et pour son jeu doit estre quites.'

Scène IV.

l. 15. *Les esprits à rebours,* contrary, crotchety minds. *Rebours,* subst. means the wrong side (of a stuff) ; from the L. L. *reburrus,* rough.

l. 19. *Ce sera,* Gallicism for *c'est.*

Scène V.

P. 139, l. 8. *Retirez-vous .... m'attendez;* for *attendez moi* (see above, sc. iii. 'laisse tout cela, et me dis'). This idiomatic use of the double imperative is frequent in France. Girault-Duvivier (Grammaire des Grammaires) states the rule as follows : 'Lorsque deux propositions impératives sont jointes par la conjonction *et,* si les deux verbes sont à la même personne et au même nombre, on peut placer, avant l'impératif, le pronom régime du verbe de la seconde proposition.' Thus again : 'Tenez, Monsieur, battez moi plutôt, et me laissez rire tout mon saoul.' (Molière, Le Bourgeois Gentilhomme, iii. 2.)

l. 11. *Sauve qui peut,* elliptically for *que celui-là* se sauve qui peut. This expression is used as a substantive : 'ce fut un sauve-qui-peut général.'

Scène VI.

l. 17. *Que ne laisses-tu . . .,* for *pourquoi ne laisses-tu.*

P. 140, l. 19. *Si faut-il, monsieur . . .,* for *encore faut-il, monsieur.* A Gallicism of frequent occurrence amongst the writers of the seventeenth century. '*Si faut-il bien* pourtant trouver quelque moyen ... pour attraper notre brutal.' (Molière, Le Sicilien, 5.)

P. 142, l. 8. *Quinquina* (from the Peruv. *kinakina.* Brachet).

l. 17. *Voies de bois,* loads of wood ; *voie* = literally the quantity of wood that can be conveyed in one *voie* or *voyage* (i. e. about two *stères,* according to the metrical system, and, in weight, about 754 kilogrammes). 'À Paris, une voye de bois, c'est autant que si on disoit une chartée de bois.' (Henri Estienne.)

l. 21. *Planches,* flower or vegetable beds in a garden.

P. 143, l. 5. *Retire-toi.* Compare with this scene the one in Molière's Femmes savantes (i. 4).

Scène VII.

P. 145, l. 4. *Que de Jean de Vert* (1594-1652). This celebrated officer played a conspicuous part in the Thirty Years' War. Taken prisoner in 1638 by the Duke of Saxe-Weimar, he was shut up in the fortress of Vincennes near Paris. 'Tout le monde l'alla voir,' says M. E. Fournier (Variétés historiques et littéraires, vol. iii. p. 200); 'les chansons allèrent leur train, chacune ramenant à la fin des couplets le nom du chef qu'on avait tant redouté, mais dont on se moquait, à présent qu'on ne le craignait plus. De là le dicton: "*Je m'en moque comme de Jean de Wert.*"'

Scène VIII.

P. 149, l. 10. *Despautère,* or rather *Van Pauteren* (1460-1524), a Flemish scholar, professor successively at Louvain and at Bois-le-Duc. His Latin grammar, notwithstanding its many imperfections, has long been clas-ical.

l. 13. *Un petit Grichard tout craché,* a regular little Grichard.
'Le v'là *tout craché* comme on nous l'a défiguré.'

(Molière, Le Médecin malgré lui, i. 6.)

'Cette métaphore,' says M. Génin (Lexique comparé de la langue de Molière, p. 88) 'aujourd'hui reléguée parmi le bas peuple, était, au XVIᵉ siècle, du langage ordinaire.'

Scène IX.

P. 150, l. 6. *Mamurra.* A Roman senator of that name was attacked by the poet Catullus in several clever epigrams.

l. 7. *Abiit, evasit . . . ,* cf. Cicero, Catiline 2. 1. 1.

l. 8. *S'est sauvé,* has run away.

l. 10. *. . . De cracher du Latin,* literally to spit = to spout Latin.

l. 11. *Pédant fieffé,* arrant pedant; '*fieffé* est celui à qui l'on a donné un *fief,* ce qui suppose un homme en son genre excellant par dessus tous sa confrères.' (Génin.)

l. 12. *Sit pro ratione voluntas,* see Juvenal, vi. 224.

l. 14. *Excrément de collége.* Thus again: 'Va-t-en, chétif insecte, excrément de la terre.' (La Fontaine.)

l. 15. *Arriaga* (Roderigo de) [1592-1667], a Jesuit father, professor of philosophy and divinity in various cities both of Spain and of Germany, was twelve years Chancellor of the University of Prague.

l. 20. *Il a lacéré, incendié;* notice the pedantic expressions which Mamurra makes use of, instead of *déchiré* and *brûlé.* Comp. Racine:

> 'Outre plus, le susdit serait venu, de rage,
> Pour *lacérer* le dit présent procès verbal.'
>
> (Les Plaideurs, ii. 4.)

l. 21. *La correction est nécessaire, concedo.* Comp. Molière: 'Dans ce qui ne regarde point sa possession, *concedo.*' (Le Malade imaginaire, ii. 7.)

Scène XI.

P. 152, l. 1. *C'est bien la beauté vraiment . . .* Comp. Molière: 'L'amour a-t-il été fait pour des gens bâtis comme lui?' (L'Avare, ii. 1.)

l. 10. *Qui y répond,* which is next to it.

l. 11. *Faire quelque bagatelle,* to commit some unimportant or trifling offence.

l. 14. *Relancée,* scolded; thus again: 'Oui dà, il voulait raisonner, mais nous l'avons *relancé.*' (Hauteroche, Crispin Médecin, i. 8.)

l. 22. *Qui lui est à charge,* who is burdensome to him.

P. 153, l. 7. *S'il ne donne dans les panneaux,* if he does not fall into the snares. *Panneau* is the dimin. of *pan,* a *pannel.*

> 'Au trou où le conin (Eng. *coney*) se glice
> Ma bourse et mon *pannel* tendroie.'
>
> (Eustache Deschamps.)

ACTE II.

Scène I.

l. 9. *Une mule quinteuse,* a mule which will not obey its rider. 'Quand un cheval refuse d'obéir, on dit qu'il fait des quintes.' (Littré.) Proverb: 'Quinteux comme la mule du pape,' i. e. very capricious, or whimsical.

l. 10. *Hargneux,* surly, crabbed. There is an O. F. verb *hargner,* to quarrel.

Scène II.

l. 15. *chagrin . . . chagrine,* here, disagreeable.

l. 16. *Après avoir fait . . . le diable à quatre,* after having made a devil of a noise. '*Faire le diable à quatre,* locution tirée de ce que dans les mystères, il y avait la grande et la petite diablerie, et que, pour jour la grande, il fallait quatre personnages.' (Littré.)

P. 154, l. 1. *Le médecin portait la parole,* the physician was the spokesman.

l. 5. *Quoique la vengeance . . .* although revenge is unworthy of a noble mind.

Scène III.

' P. 155, l. 5. *Magot*, lit. a Barbary ape. Etymology uncertain.

l. 7. *Guenuche*, dimin. of *guenon*, lit. a small female ape. Etymology uncertain.

P. 156, l. 4. *Une fille a son dit et son dédit*, a girl can consent and retract her promise.

Scène IV.

l. 13. *Barbet*, poodle; so called, probably, on account of his shaggy appearance.

l. 14. *Japper*, to yelp, to yapp. Onomatopoeic.

P. 157, l. 5. *Il est parti sans son ordre.* Comp. Molière: ' Qu'elle s'en garde bien! Il ne faut pas qu'elle meure sans l'ordonnance du médecin.' (Le Médecin malgré lui, ii. 6.)

Scène V.

l. 12. *Tenir à l'attache*, to keep fastened.

l. 15. *Mort de ma vie;* exclamation. 'Et, mort de ma vie! la grâce saura bien vous préparer des chemins.' (Madame de Sévigné.) See also further on, iii. 2.

l. 16. *Je lui laverai la tête*, I shall scold him soundly. In speaking of a woman, the writers of the seventeenth century used the expression *laver la cornette* (the cap). Thus: 'Ce qu'il avait à faire n'était autre chose que d'avoir le plaisir de lui laver la cornette.' (Madame de Sévigné.)

Scène VI.

P. 158, l. 6. *Nigaud*, fool. Etymology uncertain. Comp. the Eng. *to niggle.*

Scène VIII.

P. 161, l. 10. *Il ne le reverra plus qu'à bonnes enseignes*, he will have to give me a good security, if he wants to see him again. Thus again: 'Il n'y a pas trop de sûreté de se mettre sur le Rhône qu'à *bonnes enseignes.*' (Racine.)

Scène IX.

P. 163, l. 13. *Vos airs posés*, your demure ways.

Scène X.

l. 19. *Goguenardes de femmes*, fast women. *Goguenard*, literally 'Qui plaisante en se moquant,' from the obsolete substantive *gogue* = sport, joke.

P. 164, l. 9. *Nous fera quelque frasque,* will play us some trick. Etym.—Ital. *frasca,* brand, foliage, and, in the plural, trifles.

Scène XI.

P. 165, l. 19. *Il faut se mettre du bel air,* we must dress fashionably.
l. 20. *Le premier médecin qui porterez un habit cavalier!* The first doctor who dresses like a fashionable.

Scène XII.

P. 166, l. 20. *Cette gueuse.* This adjective applied to women is deemed in the highest degree insulting. Here it means *that slut.*

Scène XIV.

P. 168, l. 14. *Ces gentilshommeaux de province,* those twopenny-halfpenny little country squires.
l. 15. *Ce vieux roquentin. Roquentin,* 'vieillard ridicule, et qui veut faire le jeune homme.' (Littré.) The name *roquentin* was formerly given to half-pay officers who were allowed quarters, at the government expense, in fortified towns.

Scène XV.

P. 169, l. 6. *Nous tient la main,* is on our side, favours us.

Scène XVI.

P. 170, l. 10. *Malgré qu'on en ait,* in spite of everything, in spite of one's self.
P. 171, l. 11. *Rigaudon,* also *rigodon,* a rigadoon. 'On trouve *rigodon* dans le dictionnaire de l'Académie; mais cette orthographe n'est pas usitée; j'ai ouï dire à un maitre à danser que le nom de cette danse venait de celui de l'inventeur, lequel s'appelait *Rigaud.*' (Jean Jacques Rousseau.)
l. 19. *Colifichet,* a trifle. 'A vingt-cinq ans, vous m'envoyez de Paris des *colifichets* de lettres.' (J. J. Rousseau.) See notes to Le Jóueur, i. t.
P. 172, l. 13. *La bourrée,* a kind of rustic dance in use in Auvergne.
P. 173, l. 2. *Prévôt,* assistant.
Ib. Vous mettre en humeur, will put you in the way.
P. 175, l. 11. *Les menuets,* etc. Some of the dances enumerated by Lolive are not very well known. *Menuet,* a minuet (Etym. *menu* [*pas*], small step), was of Poitevin origin. *Gavotte,* originally a dance of the Gavots, i. e. people of Gap, the chief town of the department of the Hautes-Alpes. *Passe-pieds,* a very quick dance. 'Après diner, Mes-

sieurs de Locmaria et de Coetlogon dansèrent avec des Bretonnes des *passe-pieds* merveilleux.' (Madame de Sévigné.) *Tricoté, tricotet, tricotée,* another very quick dance, so called, if we may believe La-monnoye (Dictionnaire des Noëls), because the movement of the legs is as rapid as that of the hands of a person who knits (*tricoter*). *Courante,* a dance of a grave and dignified character; etymology un-certain. On this dance see notes in vol. V. of this series, p. 189. *Bocane,* thus called from Bocan, the dancing-master of the Queen Anne of Austria. *Sarabande* was of Spanish origin; Sp. *Zarabanda.*

Scène XVIII.

P. 177, l. 4. *Piailleur,* screamer; onomatop. *piailler,* to squall; *piaillerie,* scream.

l. 10. *De bonne part.* 'D'une personne qui mérite confiance.' (Littré.)

l. 14. *Chanter pouille,* to abuse, to quarrel with; *Pouilles* 'reproches mêlés d'injures.' (Littré.) The etymology is very uncertain (see Littré); Brachet derives *pouille* from *pou* (O. F. *pouil*), a louse.

ACTE III.

Scène I.

P. 178, l. 1. *Ton autre équipage,* your other dress.

P. 179, l. 5. *Qui est pour en avoir la fièvre,* who is sure to be struck down with fever, on that account.

P. 180, l. 4. *Rossé* is stronger than *battu; battu* means simply beaten; *rossé* means thrashed like a bad horse (*rosse*).

Scène II.

P. 181. 'Le rôle de Fadel est celui d'un niais qui ne fait point de calembours, mais qui ne parle que par monosyllabes: il était rempli par Guérin, dont le jeu muet était admirable. Sa scène avec Grichard durait trente cinq minutes comptées, montre sur table, et cependant elle ne contient que dix ou douze monosyllabes; ce qui suppose, de la part des acteurs, des jeux, des temps, des silences, qui sont les grands coup de l'art. La seconde scène de Fadel avec Catau, laquelle lui rend ses monosyllabes, durait à peu près autant que la première.' (Geoffroy.)

Scène III.

P. 182, l. 20. *De l'heure que je vous parle,* for, *à l'heure.*

Scène IV.

P. 183, l. 20. *Encore un maître à danser?* Comp. Molière: 'Tout ce que je vois me semble lavement.' (M. de Pourceaugnac, ii. 4.)

Scène V.

P. 184, l. 13. *Aux secrets,* let us come to the secrets.

P. 185, l. 6. *N'y a pourvu que de reste,* has only too well provided for that.

l. 10. *Entêtées de moi,* desperately fond of me. *J'aime ailleurs à la rage,* I am over head and ears in love somewhere else.

Scène VI.

P. 186, l. 1. *Ses balivernes,* his nonsense. Etymology uncertain.

P. 187, l. 3. *Prendre quelque ajustement,* come to some understanding. 'Ils ne connaissent point ces relâchements, ces *ajustements,* comme on parle aujourd'hui en Italie.' (Balzac.)

Scène VII.

P. 188, l. 12. *Il se fera casser,* he will get cashiered.

P. 189, l. 6. *Pour cette colonie* . . . The island of Madagascar was declared by an edict of 1686 to be a dependence of the French crown.

P. 190, l. 2. *Malencontreux,* unlucky; from *malencontre = mauvaise rencontre.*

l. 13. *Il a été coffré,* he has been locked up.

P. 191, l. 4. *J'y perdrai mon latin — vous ne perdriez pas grand chose;* a play on the words; *y perdre son latin* means, figuratively, to lose one's time and one's trouble. 'L'aventure me passe, et j'y perds mon Latin.' (Molière, Le Dépit amoureux, ii. 4.)

Scène VIII.

l. 19. *Fait litière d'argent,* scatters money about as lavishly as if it was straw; is extremely rich.

Scène IX.

P. 193, l. 5. *Monsu,* vulgar for *monsieur.*

l. 14. *Brest* (L. *Brivates*), a military port, and chief town of an *arrondissement* in the department of Finistère, forming part of the ancient province of Brittany.

Scène XI.

P. 196, l. 11. *La pièce qu'on vous a faite;* see above, the note to *Le Joueur,* iii. 1.

P. 197, l. 4. *Il était question au procès d'une chèvre volée.* Comp. Racine:

> '. . . Avocat, il s'agit d'un chapon,
> Et non point d'Aristote et de sa Politique.'
>
> (Les Plaideurs, iii. 3.)

Scène XII.

l. 17. *Le plus sensible affront*, the greatest insult.

P. 198, l. 1. *Cette baladine*, that stage dancer; etymology, *ballade*, in the sense of a dance. 'La demoiselle du château *dansait une ballade avec* le fiancé.' *Baladin* should properly be written with *ll*, like *ballade*, *ballet*, etc. The first edition of the *Dictionnaire de l'Académie* and Furetière's Dictionary give the right spelling.

l. 9. *D'un médecin qui n'est jamais de mon avis;* comp. Molière: 'Ce qui me plait en lui, et en quoi il suit mon exemple, c'est qu'il s'attache aveuglément aux opinions de nos anciens.' (Le Malade imaginaire, ii. 6.)

Scène XIII.

P. 199, l. 18. *Ce grand flandrin*, that tall, lanky fellow. Originally, a nickname given to the Flemings (Flandre), then used of any tall, lean man, like them.

Scène XV.

P. 202, l. 9. *Font bien voir plus de pays à leurs époux;* play on the words; *faire voir du pays à quelqu'un*, means, figuratively, to give some one a good deal of trouble. Thus: 'Perpenna le traître me fit mourir; sans lui, *j'aurais fait voir bien du pays* à mes ennemis.' (Fénelon.)

Scène XVI.

P. 203, l. 21. *Monsieur, elle n'a fait que suivre votre volonté;* comp. L'Avocat Patelin: 'il n'a rien fait que par mon ordre.' (iii. 9.)

P. 204, l. 1. *Monsieur, l'honneur de votre alliance;* comp. L'Avocat Patelin: 'L'honneur de votre alliance ... ne vous coûte guère.' (iii. 8.)

April, 1875.

BOOKS

PRINTED AT

THE CLARENDON PRESS, OXFORD,

AND PUBLISHED FOR THE UNIVERSITY BY

MACMILLAN AND CO.,

29 & 30, BEDFORD STREET, COVENT GARDEN, LONDON.

LEXICONS, GRAMMARS, &c.

A Greek-English Lexicon, by Henry George Liddell,
D.D., and Robert Scott, D.D. *Sixth Edition, Revised and Augmented.* 1870.
4to. *cloth,* 1*l.* 16*s.*

A Greek-English Lexicon, abridged from the `above,
chiefly for the use of Schools. *Sixteenth Edition, carefully revised throughout,*
1874. square 12mo. *cloth,* 7*s.* 6*d.*

A copious Greek-English Vocabulary, compiled from the
best authorities. 1850. 24mo. *bound,* 3*s.*

Graecae Grammaticae Rudimenta in usum Scholarum.
Auctore Carolo Wordsworth, D.C.L. *Seventeenth Edition,* 1870. 12mo. *bound,* 4*s.*

A Practical Introduction to Greek Accentuation, by
H. W. Chandler, M.A. 1862. 8vo. *cloth,* 10*s.* 6*d.*

Scheller's Lexicon of the Latin Tongue, with the German
explanations translated into English by J. E. Riddle, M.A. 1835. fol. *cloth,*
1*l.* 1*s.*

A Practical Grammar of the Sanskrit Language, arranged with reference to the Classical Languages of Europe, for the use of
English Students, by Monier Williams, M.A. *Third Edition,* 1864. 8vo. *cloth,*
15*s.*

A Sanskrit English Dictionary, Etymologically and
Philologically arranged, with special reference to Greek, Latin, German,
Anglo-Saxon, English, and other cognate Indo-European Languages. By
Monier Williams, M.A., Boden Professor of Sanskrit. 1872. 4to. *cloth,* 4*l.* 14*s.* 6*d.*

An Icelandic-English Dictionary. By the late R. Cleasby.
Enlarged and completed by G. Vigfusson. With an Introduction, and Life
of R. Cleasby, by G. Wehbe Dasent, D.C.L. 4to. *cloth,* 3*l.* 7*s.*

GREEK AND LATIN CLASSICS.

Aeschylus: Tragoediae et Fragmenta, ex recensione Guil. Dindorfii. *Second Edition*, 1851. 8vo. *cloth*, 5s. 6d.

Sophocles: Tragoediae et Fragmenta, ex recensione et cum commentariis Guil. Dindorfii. *Third Edition*, 2 vols. 1860. fcap. 8vo. *cloth*, 1l. 1s.

Each Play separately, *limp*, 2s. 6d.

The Text alone, printed on writing paper, with large margin, royal 16mo. *cloth*, 8s.

The Text alone, square 16mo. *cloth*, 3s. 6d.

Each Play separately, *limp*, 6d.

Sophocles: Tragoediae et Fragmenta cum Annotatt. Guil. Dindorfii. Tomi II. 1849. 8vo. *cloth*, 10s.

The Text, Vol. I. 5s. 6d. The Notes, Vol. II. 4s. 6d.

Euripides: Tragoediae et Fragmenta, ex recensione Guil. Dindorfii. Tomi II. 1834. 8vo. *cloth*, 10s.

Aristophanes: Comoediae et Fragmenta, ex recensione Guil. Dindorfii. Tomi II. 1835. 8vo. *cloth*, 11s.

Aristoteles; ex recensione Immanuelis Bekkeri. Accedunt Indices Sylburgiani. Tomi XI. 1837. 8vo. *cloth*, 2l. 10s.

Each volume separately, 5s. 6d.

Catulli Veronensis Liber. Recognovit, apparatum criticum prolegomena appendices addidit, Robinson Ellis, A.M. 1867. 8vo. *cloth*, 16s.

Catulli Veronensis Carmina Selecta, secundum recognitionem Robinson Ellis, A.M. Extra fcap. 8vo. *cloth*, 3s. 6d.

Demosthenes: ex recensione Guil. Dindorfii. Tomi IV. 1846. 8vo. *cloth*, 1l. 1s.

Homerus: Ilias, ex rec. Guil. Dindorfii. 1856. 8vo. *cloth*, 5s. 6d.

Homerus: Odyssea, ex rec. Guil. Dindorfii. 1855. 8vo. *cloth*, 5s. 6d.

Plato: The Apology, with a revised Text and English Notes, and a Digest of Platonic Idioms, by James Riddell, M.A. 1867. 8vo. *cloth*, 8s. 6d.

Plato: Philebus, with a revised Text and English Notes, by Edward Poste, M.A. 1860. 8vo. *cloth*, 7s. 6d.

Plato: Sophistes and Politicus, with a revised Text and English Notes, by L. Campbell, M.A. 1866. 8vo. *cloth*, 18s.

Plato: Theaetetus, with a revised Text and English Notes, by L. Campbell, M.A. 1861. 8vo. *cloth*, 9s.

Plato: The Dialogues, translated into English, with Analyses and Introductions. By B. Jowett, M.A., Master of Balliol College, and Regius Professor of Greek. 4 vols. 1871. 8vo. *cloth*, 3l. 6s.

THE HOLY SCRIPTURES.

The Holy Bible in the Earliest English Versions, made from the Latin Vulgate by John Wycliffe and his followers : edited by the Rev. J. Forshall and Sir F. Madden. 4 vols. 1850. royal 4to. *cloth*, 3*l.* 3*s.*

The Holy Bible : an exact reprint, page for page, of the Authorized Version published in the year 1611. Demy 4to. *half bound*, 1*l.* 1*s.*

Novum Testamentum Graece. Edidit Carolus Lloyd, S.T.P.R., necnon Episcopus Oxoniensis. 1869. 18mo. *cloth*, 3*s.*

The same on writing paper, small 4to. *cloth*, 10*s.* 6*d.*

Novum Testamentum Graece juxta Exemplar Millianum. 1868. 18mo. *cloth*, 2*s.* 6*d.*

The same on writing paper, small 4to. *cloth*, 6*s.* 6*d.*

Evangelia Sacra Graece. 1870. fcap. 8vo. *limp*, 1*s.* 6*d.*

Vetus Testamentum Graece secundum exemplar Vaticanum Romae editum. Accedit potior varietas Codicis Alexandrini. Tomi III. 1848. 18mo. *cloth*, 14*s.*

ECCLESIASTICAL HISTORY, &c.

Baedae Historia Ecclesiastica. Edited, with English Notes, by G. H. Moberly, M.A. 1869. crown 8vo. *cloth*, 10*s.* 6*d.*

Bingham's Antiquities of the Christian Church, and other Works. 10 vols. 1855. 8vo. *cloth.* *Price reduced from* 5*l.* 5*s.* *to* 3*l.* 3*s.*

Eusebius' Ecclesiastical History, according to the Text of Burton. With an Introduction by William Bright, D.D., Regius Professor of Ecclesiastical History, Oxford. Crown 8vo. *cloth*, 8*s.* 6*d.*

The Orations of St. Athanasius against the Arians. With an Account of his Life. By William Bright, D.D., Regius Professor of Ecclesiastical History, Oxford. Crown 8vo. *cloth*, 9*s.*

Patrum Apostolicorum, S. Clementis Romani, S. Ignatii, S. Polycarpi, quae supersunt. Edidit Guil. Jacobson, S.T.P.R. Tomi II. *Fourth Edition*, 1863. 8vo. *cloth*, 1*l.* 1*s.*

ENGLISH THEOLOGY.

Butler's Works, with an Index to the Analogy. 2 vols. 1874. 8vo. *cloth*, 11*s.*

Greswell's Harmonia Evangelica. *Fifth Edition*, 1856. 8vo. *cloth*, 9*s.* 6*d.*

Hooker's Works, with his Life by Walton, arranged by John Keble, M.A. *Sixth Edition*, 3 vols. 1874. 8vo. *cloth*, 1*l.* 11*s.* 6*d.*

Hooker's Works ; the text as arranged by John Keble, M.A. 2 vols. 1865. 8vo. *cloth*, 11*s.*

Pearson's Exposition of the Creed. Revised and corrected by E. Burton, D.D. *Sixth Edition*, 1870. 8vo. *cloth*, 10*s.* 6*d.*

Waterland's Review of the Doctrine of the Eucharist, with a Preface by the present Bishop of London. 1868. crown 8vo. *cloth*, 6*s.* 6*d.*

ENGLISH HISTORY.

A History of England. Principally in the Seventeenth Century. By Leopold Von Ranke. 6 vols. 8vo. *cloth,* 3*l.* 3*s.* *Just Published.*

Clarendon's (Edw. Earl of) History of the Rebellion and Civil Wars in England. To which are subjoined the Notes of Bishop Warburton. 7 vols. 1849. medium 8vo. *cloth,* 2*l.* 10*s.*

Clarendon's (Edw. Earl of) History of the Rebellion and Civil Wars in England. 7 vols. 1839. 18mo. *cloth,* 1*l.* 1*s.*

Freeman's (E. A.) History of the Norman Conquest of England: its Causes and Results. Vols. I. and II. 8vo. *New Edition, with Index,* 1*l.* 16*s.*

> Vol. III. The Reign of Harold and the Interregnum. 1869. 8vo. *cloth,* 1*l.* 1*s.*
> Vol. IV. The Reign of William. 1871. 8vo. *cloth,* 1*l.* 1*s.*

Rogers's History of Agriculture and Prices in England, A.D. 1259—1400. 2 vols. 1866. 8vo. *cloth,* 2*l.* 2*s.*

MATHEMATICS, PHYSICAL SCIENCE, &c.

An Account of Vesuvius, by John Phillips, M.A., F.R.S., Professor of Geology, Oxford. 1869. Crown 8vo. *cloth,* 10*s.* 6*d.*

Treatise on Infinitesimal Calculus. By Bartholomew Price, M.A., F.R.S., Professor of Natural Philosophy, Oxford.

> Vol. I. Differential Calculus. *Second Edition,* 1858. 8vo. *cloth,* 14*s.* 6*d.*
> Vol. II. Integral Calculus, Calculus of Variations, and Differential Equations. *Second Edition,* 1865. 8vo. *cloth,* 18*s.*
> Vol. III. Statics, including Attractions; Dynamics of a Material Particle. *Second Edition,* 1868. 8vo. *cloth,* 16*s.*
> Vol. IV. Dynamics of Material Systems; together with a Chapter on Theoretical Dynamics, by W. F. Donkin, M.A., F.R.S. 1862. 8vo. *cloth,* 16*s.*

MISCELLANEOUS.

A Course of Lectures on Art, delivered before the University of Oxford. By John Ruskin, M.A., Slade Professor of Fine Art. 1870. 8vo. *cloth,* 6*s.*

Bacon's Novum Organum, edited, with English Notes, by G. W. Kitchin, M.A. 1855. 8vo. *cloth,* 9*s.* 6*d.*

Bacon's Novum Organum, translated by *G. W. Kitchin,* M.A. 1855. 8vo. *cloth,* 9*s.* 6*d.*

Smith's Wealth of Nations. A new Edition, with Notes, by J. E. Thorold Rogers, M.A. 2 vols. 8vo. *cloth,* 21*s.*

The Student's Handbook to the University and Colleges of Oxford. *Second Edition.* Extra fcap. 8vo. *cloth,* 2*s.* 6*d.*

Clarendon Press Series.

The Delegates of the Clarendon Press having undertaken the publication of a series of works, chiefly educational, and entitled the Clarendon Press Series, have published, or have in preparation, the following.

Those to which prices are attached are already published; the others are in preparation.

I. GREEK AND LATIN CLASSICS, &c.

A Greek Primer, in English, for the use of beginners. By the Right Rev. Charles Wordsworth, D.C.L., Bishop of St. Andrews. *Fourth Edition.* Ext. fcap. 8vo. *cloth,* 1s. 6d.

Greek Verbs, Irregular and Defective; their forms, meaning, and quantity; embracing all the Tenses used by Greek writers, with reference to the passages in which they are found. By W. Veitch. *New Edition.* Crown 8vo. *cloth,* 10s. 6d.

The Elements of Greek Accentuation (for Schools): abridged from his larger work by H. W. Chandler, M.A., Waynflete Professor of Moral and Metaphysical Philosophy, Oxford. Ext. fcap. 8vo. *cloth,* 2s. 6d.

The Orations of Demosthenes and Aeschines on the Crown. With Introductory Essays and Notes. By G. A. Simcox, M.A., and W. H. Simcox, M.A. Demy 8vo. *cloth,* 12s.

Aristotle's Politics. By W. L. Newman, M.A., Fellow of Balliol College, Oxford.

Arrian. Selections (for Schools). With Notes. By J. S. Phillpotts, B.C.L., Head Master of Bedford School.

The Golden Treasury of Ancient Greek Poetry; being a Collection of the finest passages in the Greek Classic Poets, with Introductory Notices and Notes. By R. S. Wright, M.A., Fellow of Oriel College, Oxford. Ext. fcap. 8vo. *cloth,* 8s. 6d.

A Golden Treasury of Greek Prose; being a Collection of the finest passages in the principal Greek Prose Writers, with Introductory Notices and Notes. By R. S. Wright, M.A., Fellow of Oriel College, Oxford; and J. E. L. Shadwell, M.A., Senior Student of Christ Church. Ext. fcap. 8vo. *cloth,* 4s. 6d.

Homer. Iliad. By D. B. Monro, M.A., Fellow and Tutor of Oriel College, Oxford.
Also a smaller edition for Schools.

Homer. Odyssey, Books I–XII (for Schools). By W. W.
Merry, M.A., Fellow and Lecturer of Lincoln College, Oxford. *Fourth Edition.*
Ext. fcap. 8vo. *cloth,* 4s. 6d.

Homer. Odyssey, Books I–XII. By W. W. Merry, M.A.,
Fellow and Lecturer of Lincoln College, Oxford; and the late James Riddell,
M.A., Fellow of Balliol College, Oxford.

Homer. Odyssey, Books XIII–XXIV. By Robinson Ellis,
M.A., Fellow of Trinity College, Oxford.

Plato. Selections (for Schools). With Notes. By B. Jowett,
M.A., Regius Professor of Greek; and J. Purves, M.A., Fellow and Lecturer
of Balliol College, Oxford.

Sophocles. The Plays and Fragments. With English Notes
and Introductions. By Lewis Campbell, M.A., Professor of Greek, St. Andrews,
formerly Fellow of Queen's College, Oxford.
Vol. I. Oedipus Tyrannus. Oedipus Coloneus. Antigone. 8vo. *cloth,* 14s.

Sophocles. The Text of the Seven Plays. For the use of
Students in the University of Oxford. By the same Editor. Ext. fcap. 8vo.
cloth, 4s. 6d.

Sophocles. In Single Plays, with English Notes, &c. By
Lewis Campbell, M.A., Professor of Greek, St. Andrews, and Evelyn Abbott,
M.A., Fellow of Balliol College, Oxford.
Oedipus Tyrannus. Ext. fcap. 8vo. *cloth,* 1s. 9d.
Oedipus Coloneus. Ext. fcap. 8vo. *cloth,* 1s. 9d.
Antigone. Ext. fcap. 8vo. *cloth,* 1s. 9d.
The others to follow at intervals of six months.

Sophocles. Oedipus Rex: Dindorf's Text, with Notes by
the present Bishop of St. David's. Extra fcap. 8vo. *cloth,* 1s. 6d.

Theocritus (for Schools). With Notes. By H. Kynaston,
(late Snow,) M.A., Head Master of Cheltenham College. *Second Edition.*
Ext. fcap. 8vo. *cloth,* 4s. 6d.

Xenophon. Selections (for Schools). With Notes and
Maps. By J. S. Phillpotts, B.C.L., Head Master of Bedford School.
Part I. *Second Edition.* Ext. fcap. 8vo. *cloth,* 3s. 6d.
Part II. By the same Editor, and C. S. Jerram, M.A. *Preparing.*

Fourth Greek Reader. Part I, Poetry, containing specimens
of Greek Dialects. By W. W. Merry, M.A., Fellow and Lecturer of Lincoln
College. *In the Press.*

Fifth Greek Reader. Part I, Selections from Greek Epic
and Dramatic Poetry, with Introductions and Notes. By Evelyn Abbott, M.A.,
Fellow and Tutor of Balliol College. *Just ready.*
A graduated Series of Greek Readers is in course of preparation.

An Elementary Latin Grammar. By John B. Allen, M.A.,
formerly Scholar of New College, Oxford. Extra fcap. 8vo. *cloth,* 2s. 6d.

A First Latin Exercise Book. By the same Author.
In the Press.

A First Latin Reader. By T. J. Nunns, M.A. Extra
fcap. 8vo. *cloth*, 2s.

A Second Latin Reader. By the same Author.

A Third Latin Reader, or Specimens of Latin Literature.
Part I, Poetry. By James McCall Marshall, M.A., Dulwich College.
A graduated Series of Latin Readers is in course of preparation.

Caesar. The Commentaries (for Schools). Part I. The
Gallic War, with Notes and Maps, &c. By Charles E. Moberly, M.A., Assistant
Master in Rugby School; formerly Scholar of Balliol College, Oxford. Ext.
fcap. 8vo. *cloth*, 4s. 6d.

Part II. The Civil War. Book I. By the same Editor.
Ext. fcap. 8vo. *cloth*, 2s.

Cicero's Philippic Orations. With Notes. By J. R. King,
M.A., formerly Fellow and Tutor of Merton College, Oxford. Demy 8vo.
cloth, 10s. 6d.

Cicero. Select Letters. With English Introductions,
Notes, and Appendices. By Albert Watson, M.A., Fellow and Lecturer of
Brasenose College, Oxford. *Second Edition.* Demy 8vo. *cloth*, 18s.

Cicero. Select Letters (Text). By the same Editor.
Extra fcap. 8vo. *cloth*, 4s.

Cicero. Select Letters (for Schools). With Notes. By the
late C. E. Prichard, M.A., and E. R. Bernard, M.A., Fellow of Magdalen
College, Oxford. Extra fcap. 8vo. *cloth*, 3s.

Cicero pro Cluentio. With Introduction and Notes. By
W. Ramsay, M.A. Edited by G. G. Ramsay, M.A., Professor of Humanity,
Glasgow. Ext. fcap. 8vo. *cloth*, 3s. 6d.

Cicero de Oratore. With Introduction and Notes. By
A. S. Wilkins, M.A., Professor of Latin, Owens College, Manchester.

Cicero. Selection of interesting and descriptive passages.
With Notes. By Henry Walford, M.A., Wadham College, Oxford, Assistant
Master at Haileybury College. In three Parts. *Third Edition.* Ext. fcap.
8vo. *cloth*, 4s. 6d.

Each Part separately, in limp cloth, 1s. 6d.
Part I. Anecdotes from Grecian and Roman History.
Part II. Omens and Dreams : Beauties of Nature.
Part III. Rome's Rule of her Provinces.

Cornelius Nepos. With Notes, by Oscar Browning, M.A.,
Fellow of King's College, Cambridge, and Assistant Master at Eton College.
Ext. fcap. 8vo. *cloth*, 2s. 6d.

Horace. With Introductions and Notes. By Edward C.
Wickham, M.A., Head Master of Wellington College.
Vol. I. The Odes, Carmen Seculare, and Epodes. Demy 8vo. *cloth*, 12s.
Also a small edition for Schools.

Livy, Books I–X. By J. R. Seeley, M.A., Fellow of Christ's
College, and Regius Professor of Modern History, Cambridge. Book I. *Second
Edition.* Demy 8vo. *cloth*, 6s.
Also a small edition for Schools.

Livy. **Selections** (for Schools). With Notes and Maps.
By H. Lee Warner, M.A., Assistant Master at Rugby School. *In Parts.*
Ext. fcap. 8vo. *cloth*, 1s. 6d. each.

> Part I. The Caudine Disaster.
> Part II. Hannibal's Campaign in Italy.
> Part III. The Macedonian War.

Ovid. Selections for the use of Schools. With Introduc-
tions and Notes, and an Appendix on the Roman Calendar. By W. Ramsay,
M.A. Edited by G. G. Ramsay, M.A., Professor of Humanity, Glasgow. *Second
Edition.* Ext. fcap. 8vo. *cloth*, 5s. 6d.

Persius. **The Satires.** With a Translation and Commentary. By John Conington, M.A., late Corpus Professor of Latin in the
University of Oxford. Edited by H. Nettleship, M.A. 8vo. *cloth*, 7s. 6d.

Pliny. Select Letters (for Schools). With Notes. By the
late C. E. Prichard, M.A., formerly Fellow of Balliol College, Oxford, and
E. R. Bernard, M.A., Fellow of Magdalen College, Oxford. Extra fcap. 8vo.
cloth, 3s.

Fragments and Specimens of Early Latin. With Introduction and Notes. By John Wordsworth, M.A., Tutor of Brasenose College,
Oxford. Demy 8vo. *cloth*, 18s. *Just Published.*

The Ancient Languages of Italy. By Theodore Aufrecht,
Phil. Doct. *Preparing.*

Selections from the less known Latin Poets. By North
Pinder, M.A. Demy 8vo. *cloth*, 15s.

Passages for Translation into Latin. For the use of
Passmen and others. Selected by J. Y. Sargent, M.A., Fellow of Magdalen
College, Oxford. *Third Edition.* Ext. fcap. 8vo. *cloth*, 2s. 6d.

II. MENTAL AND MORAL PHILOSOPHY.

The Elements of Deductive Logic, designed mainly for
the use of Junior Students in the Universities. By T. Fowler, M.A., Fellow
and Tutor of Lincoln College, Oxford. *Fifth Edition*, with a Collection of
Examples. Ext. fcap. 8vo. *cloth*, 3s. 6d.

The Elements of Inductive Logic, designed mainly for
the use of Students in the Universities. By the same Author. *Second Edition.*
Ext. fcap. 8vo. *cloth*, 6s.

Selections from Berkeley. With an Introduction and Notes.
For the use of Students in the Universities. By Alexander Campbell Fraser,
LL.D., Professor of Logic and Metaphysics in the University of Edinburgh.
Crown 8vo. *cloth*, 7s. 6d.

A Manual of Political Economy, for the use of Schools.
By J. E. Thorold Rogers, M.A., formerly Professor of Political Economy,
Oxford. *Second Edition.* Ext. fcap. 8vo. *cloth*, 4s. 6d.

The Principles of Morals. By J. M. Wilson, B.D., Presi-
dent of Corpus Christi College, Oxford, and T. Fowler, M.A., Professor of
Logic, Oxford. *In the Press.*

III. MATHEMATICS, &c.

Figures made Easy: a first Arithmetic Book. (Introductory to 'The Scholar's Arithmetic.') By Lewis Hensley, M.A., formerly Fellow of Trinity College, Cambridge. Crown 8vo. *cloth,* 6d.

Answers to the Examples in Figures made Easy. By the same Author. Crown 8vo. *cloth,* 1s.

The Scholar's Arithmetic. By the same Author. Crown 8vo. *cloth,* 4s. 6d.

The Scholar's Algebra. By the same Author. *In the Press.*

Book-keeping. By R. G. C. Hamilton, Financial Assistant Secretary to the Board of Trade, and John Ball (of the Firm of Quilter, Ball, & Co.). Co-Examiners in Book-keeping for the Society of Arts. *New and enlarged Edition.* Ext. fcap. 8vo. *limp cloth,* 2s.

A Course of Lectures on Pure Geometry. By Henry J. Stephen Smith, M.A., F.R.S., Fellow of Corpus Christi College, and Savilian Professor of Geometry in the University of Oxford.

An Elementary Treatise on Quaternions. By P. G. Tait, M.A. *Second Edition.* Demy 8vo. *cloth,* 14s.

Acoustics. By W. F. Donkin, M.A., F.R.S., Savilian Professor of Astronomy, Oxford. Crown 8vo. *cloth,* 7s. 6d.

A Treatise on Electricity and Magnetism. By J. Clerk Maxwell, M.A., F.R.S., Professor of Experimental Physics in the University of Cambridge. 2 vols. Demy 8vo. *cloth,* 1l. 11s. 6d.

An Elementary Treatise on the same subject. By the same Author. *Preparing.*

IV. HISTORY.

A Constitutional History of England. By W. Stubbs, M.A., Regius Professor of Modern History, Oxford. Vol. I. Crown 8vo. *cloth,* 12s.

Select Charters and other Illustrations of English Constitutional History from the Earliest Times to the reign of Edward I. By the same Author. *Second Edition.* Crown 8vo. *cloth,* 8s. 6d.

Genealogical Tables illustrative of Modern History. By H. B. George, M.A., Fellow of New College. Small 4to. *cloth,* 12s.

A History of France, down to the year 1453. With numerous Maps, Plans, and Tables. By G. W. Kitchin, M.A., formerly Censor of Christ Church. Crown 8vo. *cloth,* 10s. 6d.

A Manual of Ancient History. By George Rawlinson, M.A., Camden Professor of Ancient History, Oxford. Demy 8vo. *cloth*, 14s.

A History of Germany and of the Empire, down to the close of the Middle Ages. By J. Bryce, D.C.L., Regius Professor of Civil Law, Oxford.

A History of Germany, from the Reformation. By Adolphus W. Ward, M.A., Professor of History, Owens College, Manchester.

A History of British India. By S. J. Owen, M.A., Tutor and Reader in Law and Modern History, Christ Church.

A History of Greece. By E. A. Freeman, M.A., formerly Fellow of Trinity College, Oxford.

V. LAW.

Elements of Law considered with reference to Principles of General Jurisprudence. By William Markby, M.A., Judge of the High Court of Judicature, Calcutta. Crown 8vo. *cloth*, 6s. 6d.

An Introduction to the History of the Law of Real Property, with Original Authorities. By Kenelm E. Digby, M.A., formerly Fellow of Corpus Christi College, Oxford. Crown 8vo. *cloth*, 7s. 6d. *Just Published.*

Gaii Institutionum Juris Civilis Commentarii Quatuor; or, Elements of Roman Law by Gaius. With a Translation and Commentary. By Edward Poste, M.A., Barrister-at-Law, and Fellow of Oriel College, Oxford. 8vo. *cloth*, 16s.

The Institutes of Justinian, edited as a Recension of the Institutes of Gaius. By Thomas Erskine Holland, B.C.L., Chichele Professor of International Law and Diplomacy, and formerly Fellow of Exeter College, Oxford. Extra fcap. 8vo. *cloth*, 5s.

The Elements of Jurisprudence. By the same Editor.

Select Titles from the Digest of Justinian. By T. E. Holland, B.C.L., Chichele Professor of International Law and Diplomacy, and formerly Fellow of Exeter College, Oxford, and C. L. Shadwell, B.C.L., Fellow of Oriel College, Oxford. *In Parts.*

> Part I. **Introductory Titles.** 8vo. *sewed*, 2s. 6d.
> Part II. **Family Law.** 8vo. *sewed*, 1s.

VI. PHYSICAL SCIENCE.

Natural Philosophy. In four volumes. By Sir W. Thomson, LL.D., D.C.L., F.R.S., Professor of Natural Philosophy, Glasgow; and P. G. Tait, M.A., Professor of Natural Philosophy, Edinburgh; formerly Fellows of St. Peter's College, Cambridge.

Elements of Natural Philosophy. By the same Authors. Part I. 8vo. *cloth*, 9s.

Descriptive Astronomy. A Handbook for the General
Reader, and also for practical Observatory work. With 224 illustrations and
numerous tables. By G. F. Chambers, F.R.A.S., Barrister-at-Law. Demy 8vo.
856 pp., *cloth, 1l. 1s.*

Chemistry for Students. By A. W. Williamson, Phil.
Doc., F.R.S., Professor of Chemistry, University College, London. *A new
Edition, with Solutions.* Ext. fcap. 8vo. *cloth, 8s. 6d.*

A Treatise on Heat, with numerous Woodcuts and Dia-
grams. By Balfour Stewart, LL.D., F.R.S., Professor of Physics, Owens
College, Manchester. *Second Edition.* Ext. fcap. 8vo. *cloth, 7s. 6d.*

Forms of Animal Life. By G. Rolleston, M.D., F.R.S.,
Linacre Professor of Physiology, Oxford. Illustrated by Descriptions and
Drawings of Dissections. Demy 8vo. *cloth, 16s.*

Exercises in Practical Chemistry. By A. G. Vernon
Harcourt, M.A., F.R.S., Senior Student of Christ Church, and Lee's Reader
in Chemistry; and H. G. Madan, M.A., Fellow of Queen's College, Oxford.
Series I. Qualitative Exercises. *Second Edition.* Crown 8vo. *cloth, 7s. 6d.*
Series II. Quantitative Exercises.

Geology of Oxford and the Valley of the Thames.
By John Phillips, M.A., F.R.S., Professor of Geology, Oxford. 8vo. *cloth, 1l. 1s.*

Crystallography. By M. H. N. Story-Maskelyne, M.A.,
Professor of Mineralogy, Oxford; and Deputy Keeper in the Department of
Minerals, British Museum.

Physiological Physics. By G. Griffith, M.A., Jesus College, Oxford Assistant Secretary to the British Association, and Natural
Science Master at Harrow School.

VII. ENGLISH LANGUAGE AND LITERATURE.

A First Reading Book. By Marie Eichens of Berlin; and
edited by Anne J. Clough. Ext. fcap. 8vo. *stiff covers, 4d.*

Oxford Reading Book, Part I. For Little Children.
Ext. fcap. 8vo. *stiff covers, 6d.*

Oxford Reading Book, Part II. For Junior Classes.
Ext. fcap. 8vo. *stiff covers, 6d.*

On the Principles of Grammar. By E. Thring, M.A.,
Head Master of Uppingham School. Ext. fcap. 8vo. *cloth, 4s. 6d.*

Grammatical Analysis, designed to serve as an Exercise
and Composition Book in the English Language. By E. Thring, M.A., Head
Master of Uppingham School. Ext. fcap. 8vo. *cloth, 3s. 6d.*

An English Grammar and Reading Book, for Lower
Forms in Classical Schools. By O. W. Tancock, M.A., Assistant Master of
Sherborne School. *Second Edition.* Ext. fcap. 8vo. *cloth*, 3*s.* 6*d.*

Specimens of Early English. A New and Revised Edi-
tion. With Introduction, Notes, and Glossarial Index. By R. Morris, LL.D.
and W. W. Skeat, M.A.

     Part I. *In the Press.*

     Part II. From Robert of Gloucester to Gower (A.D. 1298 to A.D. 1393). Ext.
     fcap. 8vo. *cloth*, 7*s.* 6*d.*

Specimens of English Literature, from the 'Ploughmans
Crede' to the 'Shepheardes Calender' (A.D. 1394 to A.D. 1579). With Introduction, Notes, and Glossarial Index. By W. W. Skeat, M.A. Ext. fcap. 8vo.
cloth, 7*s.* 6*d.*

The Vision of William concerning Piers the Plowman,
by William Langland. Edited, with Notes, by W. W. Skeat, M.A., formerly
Fellow of Christ's College, Cambridge. *Second Edition.* Ext. fcap. 8vo. *cloth*,
4*s.* 6*d.*

Chaucer. **The Prioresses Tale; Sire Thopas; The**
Monkes Tale; The Clerkes Tale; The Squieres Tale, &c. Edited by W. W.
Skeat, M.A., Editor of Piers the Plowman. Ext. fcap. 8vo. *cloth*, 4*s.* 6*d.*

Shakespeare. **Hamlet.** Edited by W. G. Clark, M.A., and
W. Aldis Wright, M.A., Trinity College, Cambridge. Extra fcap. 8vo. *stiff
covers*, 2*s.*

Shakespeare. **The Tempest.** Edited by W. Aldis Wright,
M.A. Extra fcap. 8vo. *stiff covers*, 1*s.* 6*d.*

Shakespeare. **King Lear.** By the same Editor. *In the* Press.

Milton. **Areopagitica.** With Introduction and Notes. By
J. W. Hales, M.A., formerly Fellow of Christ's College, Cambridge. Extra fcap.
8vo. *cloth*, 3*s.*

Addison. **Selections from Papers in the Spectator.** With
Notes. By T. Arnold, M.A., University College. *In the Press.*

The Philology of the English Tongue. By J. Earle,
M.A., formerly Fellow of Oriel College, and Professor of Anglo-Saxon, Oxford.
Second Edition. Ext. fcap. 8vo. *cloth*, 7*s.* 6*d.*

Typical Selections from the best English Authors from the
Sixteenth to the Nineteenth Century, (to serve as a higher Reading Book,) with
Introductory Notices and Notes, being a Contribution towards a History of
English Literature. Ext. fcap. 8vo. *cloth*, 4*s.* 6*d.*

Specimens of Lowland Scotch and Northern English.
By J. A. H. Murray. *Preparing.*

       See also XII. below for other English Classics.

VIII. FRENCH LANGUAGE AND LITERATURE.

Brachet's Historical Grammar of the French Language.
Translated by G. W. Kitchin, M.A. *Second Edition.* Ext. fcap. 8vo. *cloth*, 3*s.* 6*d.*

An Etymological Dictionary of the French Language, with
a Preface on the Principles of French Etymology. By A. Brachet. Translated
by G. W. Kitchin, M.A. Crown 8vo. *cloth*, 10*s.* 6*d.*

Corneille's Cinna, and Molière's Les Femmes Savantes.
Edited, with Introduction and Notes, by Gustave Masson. Ext. fcap. 8vo.
cloth, 2*s.* 6*d.*

Racine's Andromaque, and Corneille's Le Menteur. With
Louis Racine's Life of his Father. By the same Editor. Ext. fcap. 8vo. *cloth*,
2*s.* 6*d.*

Molière's Les Fourberies de Scapin, and Racine's Athalie.
With Voltaire's Life of Molière. By the same Editor. Ext. fcap. 8vo. *cloth*,
2*s.* 6*d.*

Selections from the Correspondence of **Madame de Sévigné**
and her chief Contemporaries. Intended more especially for Girls' Schools.
By the same Editor. Ext. fcap. 8vo. *cloth*, 3*s.*

Voyage autour de ma Chambre, by **Xavier de Maistre;**
Ourika, by MADAME DE DURAS; La Dot de Suzette by FIEVÉE; Les Ju-
meaux de l'Hôtel Corneille, by EDMOND ABOUT; Mésaventures d'un Écolier,
by RODOLPHE TÖPFFER. By the same Editor. Ext. fcap. 8vo. *cloth*, 2*s.* 6*d.*

Regnard's Le Joueur, and Brueys and **Palaprat's Le**
Grondeur. With Notes. By the same Editor. *In the Press.*

IX. GERMAN LANGUAGE AND LITERATURE.

Goethe's Egmont. With a Life of Goethe, &c. By C. A.
Buchheim, Phil. Doc., Professor in King's College, London; sometime Examiner to the University of London. Extra fcap. 8vo. *cloth*, 3*s.*

Schiller's Wilhelm Tell. With a Life of Schiller; an historical and critical Introduction, Arguments, and a complete Commentary. By
the same Editor. Ext. fcap. 8vo. *cloth*, 3*s.* 6*d.*

Lessing's Minna von Barnhelm. A Comedy. With a Life
of Lessing, Critical Analysis, Complete Commentary, &c. By the same Editor.
Ext. fcap. 8vo. *cloth*, 3*s.* 6*d.*

Goethe's Iphigenie auf Tauris. A Drama. With a
Critical Introduction, Arguments to the Acts, and a complete Commentary.
By the same Editor. *In Preparation.*

Selections from the Poems of Schiller and Goethe. By
the same Editor. *In Preparation.*

X. ART, &c.

A Handbook of Pictorial Art. By R. St. J. Tyrwhitt,
M.A., formerly Student and Tutor of Christ Church, Oxford. With coloured
Illustrations, Photographs, and a chapter on Perspective by A. Macdonald.
8vo. *half morocco.* 18s.

A Treatise on Harmony. By Sir F. A. Gore Ouseley,
Bart., M.A., Mus. Doc., Professor of Music in the University of Oxford. 4to.
cloth, 10s.

A Treatise on Counterpoint, Canon, and Fugue, based
upon that of Cherubini. By the same Author. 4to. *cloth*, 16s.

A Treatise on Form in Music, and General Compo-
sition. By the same Author. *In the Press.*

A Music Primer for Schools. By J. Troutbeck, M.A.,
and R. F. Dale, M.A., B. Mus. Crown 8vo. *cloth*, 2s. 6d.

The Cultivation of the Speaking Voice. By John Hullah.
Second Edition. Extra fcap. 8vo. *cloth*, 2s. 6d.

XI. MISCELLANEOUS.

Dante. Selections from the Inferno. With Introduction
and Notes. By H. B. Cotterill, B.A., Assistant Master in Haileybury College.
Extra fcap. 8vo. *cloth*, 4s. 6d.

A Treatise on the Use of the Tenses in Hebrew. By
S. R. Driver, M.A., Fellow of New College. Extra fcap. 8vo. *cloth*, 6s. 6d.

Outlines of Textual Criticism applied to the New Testament. By C. E. Hammond, M.A., Fellow and Tutor of Exeter College,
Oxford. Extra fcap. 8vo. *cloth*, 3s. 6d.

The Modern Greek Language in its relation to Ancient
Creek. By E. M. Geldart, B.A., formerly Scholar of Balliol College, Oxford.
Extr. fcap. 8vo. *cloth*, 4s. 6d.

A System of Physical Education : Theoretical and Practical. By Archibald Maclaren, The Gymnasium, Oxford. Extra fcap. 8vo.
cloth, 7s. 6d.

XII. A SERIES OF ENGLISH CLASSICS

Designed to meet the wants of Students in English Literature: under the superintendence of the Rev. J. S. BREWER, M.A., *of Queen's College Oxford, and Professor of English Literature at King's College, London.*

It is especially hoped that this Series may prove useful to Ladies' Schools and Middle Class Schools; in which English Literature must always be a leading subject of instruction.

A General Introduction to the Series. By Professor Brewer, M.A.

1. **Chaucer.** The Prologue to the Canterbury Tales; The Knightes Tale; The Nonne Prestes Tale. Edited by R. Morris Editor for the Early English Text Society, &c., &c. *Third Edition.* Extra fcap. 8vo. *cloth,* 2s. 6d.

2. **Spenser's Faery Queene.** Books I and II. Designed chiefly for the use of Schools. With Introduction, Notes, and Glossary. By G. W. Kitchin, M.A., formerly Censor of Christ Church.

   Book I. *Fifth Edition.* Extra fcap. 8vo. *cloth,* 2s. 6d.

   Book II. *Third Edition.* Extra fcap. 8vo. *cloth,* 2s. 6d.

3. **Hooker.** Ecclesiastical Polity, Book I. Edited by R. W. Church, M.A., Dean of St. Paul's, formerly Fellow of Oriel College, Oxford. *Second Edition.* Extra fcap. 8vo. *cloth,* 2s.

4. **Shakespeare.** Select Plays. Edited by W. G. Clark, M.A., Fellow of Trinity College, Cambridge; and W. Aldis Wright, M.A., Trinity College, Cambridge. Extra fcap. 8vo. *stiff covers.*

   I. The Merchant of Venice. 1s.

   II. Richard the Second. 1s. 6d.

   III. Macbeth. 1s. 6d.

5. **Bacon.**

   I. Advancement of Learning. Edited by W. Aldis Wright, M.A. *Second Edition.* Extra fcap. 8vo. *cloth,* 4s. 6d.

   II. The Essays. With Introduction and Notes. By J. R. Thursfield, M.A., Fellow and Tutor of Jesus College, Oxford.

6. **Milton.** Poems. Edited by R. C. Browne, M.A., and
Associate of King's College, London 2 vols. *Third Edition.* Ext. fcap. 8vo.
cloth, 6s. 6d.

Sold separately, Vol. I. 4s., Vol. II. 3s.

7. **Dryden.** Stanzas on the Death of Oliver Cromwell;
Astraea Redux; Annus Mirabilis; Absalom and Achitophel; Religio Laici;
The Hind and the Panther. Edited by W. D. Christie, M.A., Trinity College,
Cambridge. Extra fcap. 8vo. *cloth,* 3s. 6d.

8. **Bunyan.** Grace Abounding; The Pilgrim's Progress.
Edited by E. Venables, M.A., Canon of Lincoln. *In the Press.*

9. **Pope.** With Introduction and Notes. By Mark Pattison,
B.D., Rector of Lincoln College, Oxford.

    I. Essay on Man. *Second Edition.* Extra fcap. 8vo. *stiff covers,* 1s. 6d.

    II. Satires and Epistles. *Second Edition.* Extra fcap. 8vo. *stiff covers,* 2s.

10. **Johnson.** Rasselas; Lives of Pope and Dryden.

11. **Burke.** Edited, with Introduction and Notes, by E. J.
Payne, M.A., Fellow of University College, Oxford.

    Vol. I. Thoughts on the Present Discontents; the Two Speeches on
        America, etc. Extra fcap. 8vo. *cloth,* 4s. 6d.

    Vol. II. Reflections on the French Revolution. Extra fcap. 8vo. *Nearly
        ready.*

12. **Cowper.** Edited, with Life, Introductions, and Notes,
by H. T. Griffith, B.A., formerly Scholar of Pembroke College, Oxford.

    Vol. I. The Didactic Poems of 1782, with Selections from the Minor
        Pieces, A.D. 1779-1783. Ext. fcap. 8vo. *cloth,* 3s.

    Vol. II. The Task, with Tirocinium, and Selections from the Minor
        Poems, A.D. 1784-1799. Ext. fcap. 8vo. *cloth,* 3s.

Published for the University by

MACMILLAN AND CO., LONDON.

The DELEGATES OF THE PRESS *invite suggestions and advice
from all persons interested in education; and will be thankful
for hints, &c., addressed to the* SECRETARY TO THE DELEGATES,
Clarendon Press, Oxford.